McKinsey Quarterly 2011 · 1

2011 议程构想

总　　编　欧高敦 (Gordon Orr)
主　　编　徐浩洵
执行主编　陈　功
编　　委　马　敏　谢绍婷

经济科学出版社

图书在版编目（CIP）数据

2011议程构想／欧高敦编. —北京：经济科学出版社，2011.4
ISBN 978-7-5141-0554-4

Ⅰ. ①2… Ⅱ. ①欧… Ⅲ. ①企业管理 Ⅳ. ①F270

中国版本图书馆CIP数据核字（2011）第055922号

责任编辑 刘殿和
技术编辑 李鹏
出版发行 经济科学出版社
经　　销 新华书店
印　　刷 中科印刷有限公司印装
版　　次 2011年4月北京第1版
　　　　 2011年4月北京第1次印刷
开　　本 889×1194毫米 1/16
印　　张 7
字　　数 140千字
印　　数 0001～5000册
书　　号 ISBN 978-7-5141-0554-4
定　　价 48.00元

导　读

对许多人来说，新年伊始是做决定的时候。有一些决定完全关乎个人，而另一些决定则反映了我们的组织面临的机遇与挑战。在2011年第1期《麦肯锡季刊》中，我们提供了关于三项优先任务的洞见，这些任务反映了在仍然充满不确定性的时期，我们的客户正在处理的问题的多样性，这三项优先任务是：对企业战略进行压力测试；增加供应链的灵活性；提高个人工作效率。毋庸置疑，虽然这些问题并不是你需要努力解决的全部问题，但它们却具有足够的适时性、重要性和普遍性，因此，我们在本期里用相当的篇幅来探讨这些问题。

今年，许多企业可能会寻求新的增长点。即使在增长率较高的新兴市场，要有利可图地做到这一点，往往也需要有获取竞争优势的新方案，以及新的资源配置方式——简言之，需要重新审查企业战略。为了对这种努力提供帮助，我的同事 Chris Bradley、贺睦廷（Martin Hirt）和 Sven Smit 提出了对企业战略的十项测试，任何领导人都可以利用这些测试在其组织内发起战略对话。此外，4位企业高管与大家分享了一些他们想要提出的棘手问题。通过检查自己的战略方向是否有毛病，可以帮助企业避免加州大学洛杉矶分校管理学教授 Richard Rumelt 所谓的“坏战略”，在本期杂志中，我们摘登了他即将出版的新书《好战略 / 坏战略：差别所在及重要影响》中的部分内容。

在许多产品市场中，全球化和经济不确定性的共同作用，对那些买卖实物商品的企业提出了一种特殊挑战。它们需要在各种不同经济环境下——如人民币升值、出台新的碳税、不同市场的重要性发生重大变化等——都具有良好经济效益的供应链。麦肯锡运营业务部门的 Yogesh Malik、Alex Niemeyer 和 Brian Ruwadi 认为，企业实际上需要几个供应链，其中每一个的配置都可以应对不断增加的复杂性水平，并对冲不确定性。为了实现这一目标，需要整个首席级高管团队的通力协作（详见“您的高管团队是否正在损害自己的供应链？”一文）。

最后，如果我们确信今年会有一件事要发生，那就是信息大潮对我们的时间永无休止的需求，这些信息既有价值，又会分散我们的注意力。在一篇似乎是“异端邪说”的文章中，两位忙碌的领导人——麦肯锡前资深董事 Derek Dean 和组织业务部门的 Caroline Webb 解释了为何通过一心多用，同时处理多项任务来应对繁忙的工作并不奏效，并为超负荷工作的高管们提出了替代方案。当然，高管人员并不是唯一需要采用新工作方式的群体。在“重新反思知识工作：一种战略思路”一文中，巴布森学院的 Tom Davenport 为帮助整个组织中的知识型员工应对信息超载，提供了一份路线图。

即使这些挑战在新的一年里并不在你的前三项挑战列表中，我们仍然希望，思考这些问题可以帮助你对重大的、长期的优先任务保持高度关注，而这些长期任务往往会被人们对日常运营的关切所掩盖。当然，我们承诺，我们会继续努力，不断探索诸如此类的问题，为全球高管了解企业的重大议程提供帮助。

David Court

麦肯锡达拉斯分公司资深董事

封面专题

2011议程构想

测试坏战略

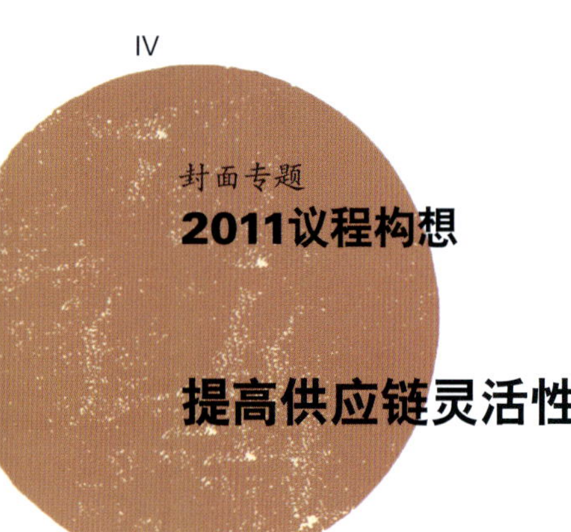

封面专题

2011议程构想

提高供应链灵活性

抑制知识工作的疯狂

其他栏目

网站内容

《麦肯锡季刊》(china.mckinseyquarterly.com) 网上奉献

创造价值：交互式指南

在本视频演示中，麦肯锡董事Tim Koller介绍了企业财务的四项指导原则，所有的高管在做战略决策时，都可以运用这些原则来努力实现价值创造。

深度专访

要人才唱戏，关键是企业要搭台

——麦肯锡上海分公司董事王炬谈中国企业的管理人才挑战

中国管理人才的缺口依然很大，靠“空降”只是其中一招，更重要的是要培育出让人才“存活”的沃土。

听《麦肯锡季刊》，请上itunes，链接是：http://itunes.apple.com/cn/podcast/id425313037

关注《麦肯锡季刊》中文微博，我们在http://t.sina.com.cn/mckinseyquarterlycn，名称是：麦肯锡季刊

特写文章

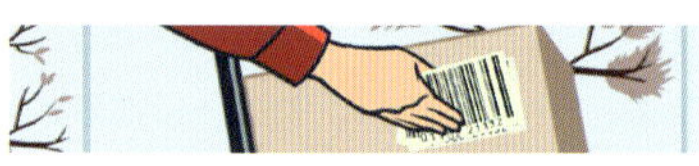

你有一个长期定价策略吗？

在产品的整个生命周期中主动调整定价已变得越来越重要，在创新密集型行业里，尤其如此。如果不这样做，可能就会放弃潜在的利润，甚至破坏价值。

麦肯锡全球调查：让女性身居高位

大多数高管都相信，领导层中的性别多样化有利于提高财务业绩，但是，却很少有企业采取行动，支持团队中的女性员工。

联网企业崛起之时：正是Web 2.0收获之日

麦肯锡的最新调查发现，大量使用Web的企业获得了更大的市场份额和更高的利润。

思想交流

读者与《麦肯锡季刊》2010年第4期的文章作者展开互动交流

云计算、海量数据和智能设施：

值得关注的十种由技术带动的商业趋势

我们上一期的封面故事主要讲述了目前技术趋势在管理方面的影响。下面是一名读者与该文作者的简短交流。

美国加州山景城
AOL 广告技术总监
Jaime Batiz

“作为互联网广告行业数据驱动技术的研发、实施和运营领域的一线工作人员，我清楚地看到，大部分新兴趋势在数个季度之前就已经成为行业现实。

寻找能让这些趋势开枝散叶的其他领域当然很有意思，但最大的可能性是，没有这样做的公司会面临巨大的惯性力量，难以做出改变。当然，有些公司能够成功，但是，我相信，更大的可能是，这些趋势会成为真正创业者的风向标，引导他们去谱写下一个成功传奇。”

麦肯锡公司Jacques Bughin的回复：

“总体而言，我们文章中提到的各种趋势确实会促使大大小小的全球机构和地方企业采用新的运营模式。但耐人寻味的是，只有小规模尝试者或创业者才能在这种尝试中取得成功。英国营销科学研究所的学者系统地研究了颠覆性技术在全球大量市场的引入情况后得出了如下结论：扰乱市场的不是小型新入行企业和创业者，反而往往是那些为增长而创新，采用新业务模式的现有企业。

我们在试图深入理解趋势的过程中惊讶地发现，有如此多的大公司渐渐从这些趋势中获益。宝洁就是一个标志性的例子，他们是全球第一家将 Tremor 的口碑影响模式制度化的公司。宝洁还推出了 Connect + Develop（联系 + 开发）平台，与用户一起开发新产品。一般来说，抵制变革的惯性力量是始终存在的，因此，采取反常规的行动是至关重要的——但是，大公司实际上有更多的技能和资源可以利用，因势利导地驾驭新趋势。这里的关键在于，如何发现这些能力，痛下决心，进行变革。”

请访问《麦肯锡季刊》中文网（china.mckinseyquarterly.com），与大家分享您的观点，或阅读我们的读者对这些议题和其他议题的更多评论。

重心平衡式领导人如何取得卓越成果

在上一期《麦肯锡季刊》中，我们发表了两篇文章和一份调查报告，探讨个人价值观和领导品质之间的关系。这份材料在《麦肯锡季刊》网站上激起了热烈讨论。现摘录其中一小部分，以飨读者。

激发“Y一代”员工的斗志

澳大利亚悉尼
澳大利亚艺术委员会数码营销经理
Svetlana Zhukova

“‘意义’不仅对业务有很大影响，对个人的幸福感也一样，对此，我完全赞同。对于所有员工，特别是Y一代员工，相信自己所做的一切富有价值，这一点越来越重要。当领导者笃信自己的理想和公司所做的一切时，他们就能取得最非凡的成就。激情有着极大的感染力，意义往往与物质奖励一样，能激发人们的斗志，甚至效果更好。”

麦肯锡公司Joanna Barsh的回复：

“我们最近的问卷调查显示了一项有趣的发现：30岁年龄段的职业男性和女性的‘斗志’得分要远低于其他年龄段。毋庸讳言，工作中斗志极低的员工最终都会选择离职，而如果公司管理不善，不精心培养年轻员工，最终将会落到无人可用，或员工难以管理的境地。我们在全球各地的研讨会上讲授重心平衡式领导力，我们发现，Y一代员工渴望成就一番事业，他们深受我们领导力课程的鼓舞。对于企业主管而言，鼓舞员工、激发他们的潜力，现在还不算太晚。”

意义的源头

瑞士苏黎世
Novelis AG供应链经理
Aravind Vasudevan

“读完调查结果后，我才意识到，‘意义’在领导中起到这么重要的作用，这对我很有启发。作为企业领导，意义的本质是什么？为什么一个企业领导应当相信要想成为一名伟大的领导者，销售软饮料的动力原理其实有更深层次的意义？如何将这种无形资产转化为企业领导的真正意义，这一点还不是很明确。”

麦肯锡公司Josephine Mogelof和Caroline Webb的回复：

“意义是一种非常个人化的东西，我们对意义的源头不加评判。即使一个人在工作中苦于找不到意义，但创立一家公司，为其他人提供就业，支持员工的职业和个人发展，激励员工创新，或者回馈社会，这些都很有意义。无论您的意义来自何方，我们都要强调一点：不要错误地主观臆断你所在团队成员所认可的意义都来自同一个源头。帮助他们发现意义，并与他们一起寻找能同时激励你们、让你们共同努力的激励因素。如果您能做到这一点，团队的潜力就会呈指数性上升。”

电动汽车普及的快车道

对于这个巨大的市场，大城市或许是最理想的试车道。要顺利进行早期推广，所要付出的可能并不像汽车业大多数高管和政策制定者所想象的那么多。

Russell Hensley
Stefan M. Knupfer
Axel Krieger

随着越来越多的电动汽车进入经销商的车场，按照人们传统的看法，如果没有更优厚的激励措施和建立更密集的电池充电站网络，这个市场就无法发展起来。

但是，我们对超大型城市地区[①]的电动汽车需求进行了研究，结果显示，到2015年，插入充电式混合动力汽车与纯电池动力电动汽车在纽约新车销售量中的比例预计将达16%，而在巴黎和上海，则会分别达到9%和5%。虽然现在缺乏经济激励措施，公共充电设施也十分有限，但可以确定，上述销售占比是可以实现的[②]。

这个市场可能在大城市站稳脚跟并不奇怪，因为没有哪个地方比大城市更需要净化空气和减少二氧化碳排放量；而且可以预料的是，在大城市里，率先使用电动

① 对电动汽车潜在个人用户的研究于2009年下半年由麦肯锡公司、纽约和上海的城市管理部门，以及法国政府联合进行的。在纽约和上海的工作侧重于研究消费者，包括通过采访个人和团体而进行的量化研究，以及对纽约的1000多名和上海的600多名潜在购买者进行的大规模量化调查。巴黎的研究小组设计了一个全面的市场模型以预测范围更广的大都市区域的需求。

② 这些预测考虑到了专家对于一系列关键推动因素的预估，例如油价、电动汽车电池成本、一段时期内销售的电动汽车品牌和车型数量有限、若干激励措施（例如在纽约，购买电动汽车可获得最多7500美元的联邦退税），以及缺乏现存的用于汽车电池充电的公共基础设施。

汽车、具有环保意识的人士也是最多的，这些人会欢迎和接受通过一次充电就能满足他们短距离出行需要的清洁能源汽车。有鉴于此，大城市地区是电动汽车下一个开发阶段的理想试验场。当汽车公司、电池制造商、基础设施提供商和城市政府在考虑推动电动汽车技术及其支持网络的发展时，我们的研究所得出的洞见对他们具有指导意义。

巨大的市场在等待企业来提供服务。我们发现，有大量消费者可能成为电动汽车的早期使用者，他们在上海和纽约的所有汽车购买者中分别达到了30%和20%，他们的特点是具有绿色环保意识，会考虑购买电动汽车。

对于早期使用者而言，充电的问题并不像看上去的那样重要。与纽约和上海的其他购车人群不同，他们为了拥有电动汽车，愿意调整自己的驾驶和停车习惯。实际上，他们指出，密集的公共充电基础设施对提高他们购买此类汽车的兴趣作用一般，即使充电的选择受到更多限制，他们也愿意想法应对。这种态度减少了在初期阶段就进行巨额公共投资的必要性，但是，随着电动汽车在大城市和其他地点向大众普及，广泛设立充电基础设施无疑是十分重要的。

对汽车制造商而言，这也是一个好消息，这样，他们就有机会克服另一个重要障碍：电池的限制。由于大城市的很多驾车人只驾车行驶较短的距离（例如，仅在上下班时开车），与其他地方相比，大都市里，电动汽车电池的近期成本和续航时间算不上什么问题。汽车制造商不必提供适于所有用途的电动汽车，而是可以根据购车者的驾驶使命对他们进行细分，开发价格上有吸引力的车型，而不必配置超出大多数城市驾车人所需电池能量的存储。

人们对技术方面的偏好，因城市而异。上海的电动汽车购买者中，绝大多数偏爱插入式混合动力汽车，这种汽车一次充电能行驶大约60公里（约40英里），电力耗尽后，会自动转换到汽油动力发动机。这种偏好差异的原因在于，上海的购车者中有很大一部分是首次购买汽车，他们需要尺寸足以容纳全家的全功能汽车。但在纽

图表

纽约、巴黎和上海的驾车人通常选择插入式充电的混合动力车。

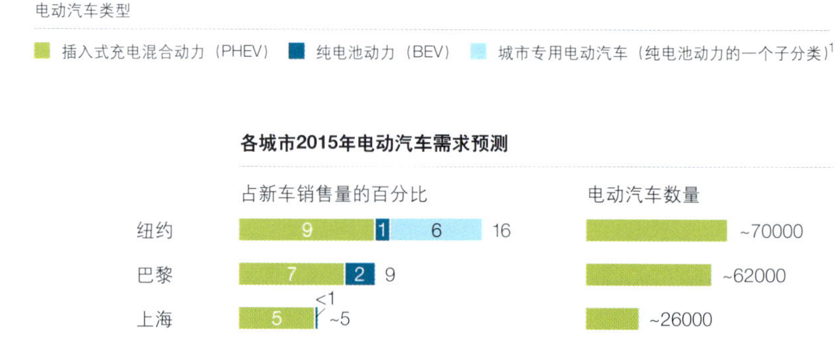

[1] 在纽约和上海进行过测试，未在巴黎测试。

在纽约和上海的受访者中，很少人知道，电池动力汽车比传统汽车有可能更快地加速。

约，小型的城市专用电动汽车非常流行（如图表所示），这是一种只使用电池为动力的汽车，充满电后能行驶60 ~ 90公里。

设计影响很大，但方式也许不同。纽约和上海的大多数购买者在寻求一种社会地位：成为最新技术的第一批使用者，在茫茫人海中，独树一帜。但是，上海的居民喜欢新颖独特的设计，而纽约人则偏爱较为常规的设计，但也要求有一些特征能让人认出那是电动汽车。

非经济性的激励措施可能会出人意料地有效。最明智的让电动车市场活跃起来的方法不一定是采用更多的经济激励。我们发现，金钱方面的激励措施有助于刺激初始的需求，例如，美国采用的每购一辆电动汽车可享受最多达7500美元的联邦退税。不过，初始需求的提高并不能使普及率产生巨大的飞跃。实际上，我们对纽约的消费者尝试了30种经济的和非经济的措施，其中一些低成本的选择出乎意料地有效，例如，提供电动汽车优先行驶的车道和将充电站设在方便的地点。

在提高早期采用率和大众普及率方面，对消费者的教育也是其中一项重要的措施。在纽约和上海，有40%的受访者表示对电动汽车了解不多，很多人对续航里程方面的局限心存疑虑。很少有人知道，电池动力汽车比传统汽车噪音更小，而且有可能更快地加速。更重要的是，许多人并不知道，长期而论，电动汽车能够帮助驾车人节省燃料和维护费用。

• • •

那么，下一步该做什么呢？纽约和上海等大城市积极性较高的私家车主以及其他潜在的早期采用者（例如，固定路线的市内送货车车主）将成为电动汽车较长期发展的关键群体。汽车制造商通过根据这些细分市场的需求定制早期产品，可以建立起稳固的核心购买者群体，这些人在使用之后会以口口相传的方式进行宣传，产生更大的市场动力。如果国家和市政府、电力供应商及电池制造商采取有针对性的措施来支持这种做法，我们就能加快电动汽车大规模生产和普及的速度。Q

Russell Hensley 是麦肯锡底特律分公司董事。Stefan M.Knupfer 是麦肯锡斯坦福德分公司资深董事，Axel Krieger 则是该分公司董事。

欢迎对本文发表评论。
请将评论发送至 EQChina_Comments@mckinsey.com。

欲了解更多关于电动汽车未来市场的信息，请访问《麦肯锡季刊》中文网（china.mckinseyquarterly.com），阅读“电动车市场的新细分法”。

互联网的千亿欧元剩余价值

消费者通过社交网络等免费服务获益不少。然而，随着服务提供商和广告商力求分得更大的份额，行业态势是否会随之转变？

Jacques Bughin

消费者在互联网上的各种行为能为自己带来巨大的价值，但由于其中大部分成本都是通过广告费用来抵消的，因此，对于消费者来说，上网并不涉及需要立即支付的成本。每次我们登录社交网站或观看免费网络视频时，都会享受到这些好处。

但是，这些网络应用到底值多少钱呢？麦肯锡最近对欧洲和美国的4500名互联网用户展开了调查，我们估计，网络应用每年大约价值1500亿欧元[①]。

不过，消费者的确支付了其中一部分：消费者每年大约会花费300亿欧元，为音乐和游戏网站等服务买单。从某种意义上说，消费者也为他们互联网体验中的“污染”付出了代价，例如，烦人的弹出式广告和随处可见的数据隐私风险。通过调查他们愿意花多少钱来消除乱七八糟的弹出式广告和暴露隐私的隐患，我们估计，这方面的成本大约为200亿欧元。这样一来，互联网行业每年的消费者剩余价值可达到惊人的1000亿欧元。而随着宽带在全球的普及，以及新型服务和无线设备的不断涌现，我们预计，这一剩余价值将于2015年增至1900亿欧元。

事实上，这一剩余价值是企业向网络服务提供商支付的300亿欧元网站广告费用的3倍还多，而且几乎相当于消费者支付的1200亿欧元的无线和有线宽带接入费用。这样一大笔价值无人问津，其原因在于，一旦一项互联网服务被创造出来，推广的成本就非常低，而且大多数互联网公司都满足于通过广告费用来抵消基本成本。线下的商业逻辑当然就大不一样了：剩余价值在消费者和提供商之间分配得更加平均，在大多数市场中，例如书籍、电影、有线电视等，消费者都需要付费购买内容。

互联网经济变化的三种可能性

互联网公司可以尝试重新挖掘这部分庞大而不断增长的价值来源。虽然具体怎样才能在互联网上挖掘更多价值，其方法目前尚不明朗，但至少有三种方案值得关注。

提高服务费

显而易见的一种可能是，网络服务提供商将会收取更高的服务费用。他们已经针对某些高端服务采取了类似措施，例如，

① 由于用户访问免费服务时按统一费率缴费，我们使用了联合分析的方法来探究用户对服务访问的支付意愿。在联合分析中，我们对服务的价值与干扰性广告的成本以及在线隐私的价值进行了比较。

图表

在网络所创造的消费者剩余价值中，四种互联网服务联手缔造了其中的52%。

业务模式

C 通信 W 网络服务 E 娱乐

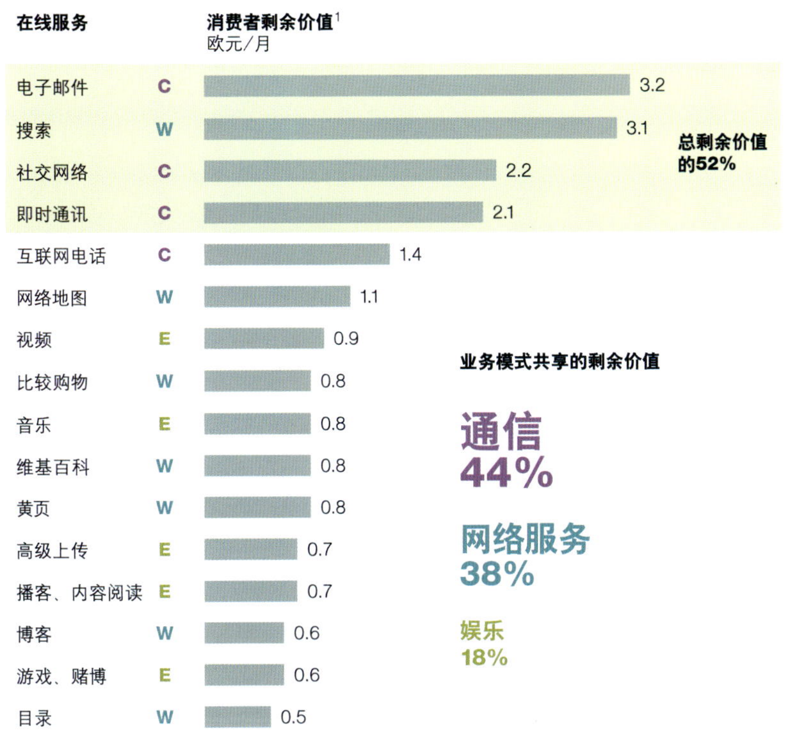

[1] 剩余价值的计算方法是，消费者服务的估算价值减去付费服务的价格和消费者愿意支付的金额，二者的目的是，在使用由广告支付成本的网络服务时避免受到广告模式的干扰并限制对私人信息的滥用。

资料来源：IAB 欧洲；麦肯锡分析。

多人视频游戏网站以及海量音乐库的订阅访问权限。但是，消费者目前对于这种做法还是非常抵触：仅有20%的在线用户愿意支付服务费用；我们的调查显示，如果扩大收费范围，使其数额达到与剩余价值相等的水平，那么，互联网服务的使用率将降低50%，这将对互联网服务行业造成毁灭性的打击。

增加广告收入

另一项策略是大幅增加互联网广告，如果这样做，“污染因素”将成为关键所在。目前，互联网公司获得的广告收入（300亿欧元）多于消费者为了规避广告而愿意支付的费用（200亿欧元）。这种不平衡意味着，如今的广告水平还有潜力可挖，还有一定的空间留给更多广告以及其他变现手段，例如，要求消费者提供更多个人数据才能访问服务。

但是，具体还有多大的空间，是很难说的，因为没有数据显示如果网络污染大幅加剧，消费者会作何反应。是否存在这样一个转折点：消费者对消除污染的支付意愿大幅攀升，从而让业务模式也相应改变？例如，如果广告收入增长到400亿或500亿欧元，消费者为了规避广告而愿意支付的金额是否会大幅增加，从而让互联网服务提供商更容易通过收取更多费用、而不是卖更多广告来攫取更大的剩余价值？这个问题现在仍然没有明确的答案。

其他变现方式

互联网服务提供商如今面临着多元化的市场现状，这就使得他们能够从广告商和用户身上获得双重收益。他们也许笃定，通过免费服务和庞大受众创造大量的消费者剩余价值，可以扩大在线品牌的影响，从而获得更高的利润或市场价值。这种方法的逻辑很吸引人，但是，这种收费的“围墙花园”式方法只能有效用于高端品牌和服务。即使对这些市场而言，企业能够接触到的客户也较为有限，因此，利用自己的网络平台推出其他业务的能力也会受到限制。

为变革做好准备

当然，我们目前仍然处于互联网经济的初期阶段，而且正是因为最近 Facebook 等巨头的崛起和始终在网上的连接，才导致了消费者剩余价值的大幅膨胀。很明显，这个市场远没有达到均衡状态，所以，企业应该做好自身规划，为未来的巨大变革做好准备，并积极筹划应对之策。

如果服务提供商希望走在市场转变的前面，就必须适应快速的市场整合：2010年，前100大网络服务提供商占据了网络总流量的45%，而在2007年，这一比例还只有20%。为了保持领先，业界领先企业已经着手在自己稳固的专有平台上扩大服务基础，尤其是能够通过云计算和移动设备提供的低成本服务；Twitter 和 Facebook 正是率先开启这种多用途平台的典范。现在，越来越多的个人活动和业务走向网络，先发者占据了优势地位，能够攫取更多的广告收入，而且随着时间的推移，他们或许还能收取更高的服务费用。

而广告商也可能顺理成章地因为网络创新而获得更多收入。有些广告商已经不再满足于给消费者带来烦扰的广告展示，他们设计品牌推广内容以吸引用户的注意，并精心打造市场营销活动，推动营销信息在社交网络“好友”间像病毒般蔓延，进而让这些营销活动更容易为消费者所接受。

对于消费者而言，网络剩余价值所带来的好处还将继续存在。在多元化市场中，广泛接触消费者是价值创造的核心所在。因此，消费者大可放心，服务创新将会不断持续，广告将会维持在可承受的水平，互联网的使用和接入价格也将持续保持在低位。Q

Jacques Bughin 是麦肯锡布鲁塞尔分公司资深董事。

欢迎对本文发表评论。
请将评论发送至 EQChina_Comments@mckinsey.com。

包装消费品被大宗商品价格挤压的困境

包装产品企业受到大宗商品价格攀升的重击，其他行业的高管可从他们的经验中获得教益。

Richard Benson-Armer

Peter Czerepak

Tim Koller

近40年来，美国消费品行业一直是投资者最安全的港湾之一。这个行业提供的年回报仅次于能源行业，远高于市场平均水平；在1985～2002年的鼎盛期，每年超出标准普尔500指数近20%。从2002年起，尽管该行业的企业不断努力寻找制胜的战略，但该行业的表现仅略高于标准普尔500指数。成本控制不足与未能通过一波并购实现重大价值提升固然都拖了后腿，但目前状态不佳的一个主要因素在于，该行业对于不断变化的大宗商品价格未能做出适当的回应。

失控

1985～2002年，包装消费品企业一直将原材料（包括铝、谷物、油和纸）的价格上涨传递转嫁给消费者，而在原材料成本降低时，却仍旧保持产品价格不变。这样，这些企业在原材料成本提高时，能够保持其利润率，而在成本降低时，则可获得更高的利润。事实上，我们估计在1996～2002年期间，传递转嫁价格上涨因素的这一战略对于该行业净利润增长的贡献要达到2/3，或者说，大约为100亿美元的价值。

这一格局在2002年被打破了。从那时直到2007年，该行业企业仅传递了15%的价格上涨，而大宗商品累计成本却增长了40%（见图表）。我们估计，在这段时期，由于未能传递转嫁大宗商品价格上涨的全部新增成本，该行业的利润因此减少了75%，价值大约为700亿美元[①]。

要回到将大宗商品价格上涨传递给消费者的日子并非易事。削弱该行业定价能力的结构性变化依然存在：消费者的价值意识越来越高，大型折扣商店仍在零售格局中占主导地位。这些零售商对通过其销售终端系统和购物者研究获得的数据进行详细分析，从而对他们想要获得的价格以及要求获得这种价格的能力有了深入的了解。

最终的结果是该行业继续面临价格下

① 我们的分析不包括2008年和2009年，这两年的全球萧条以及剧烈的市场波动扭曲了数据。

图表

从2002年起，包装产品行业的企业将原材料价格上涨传递转嫁给消费者的能力降低了。

消费类包装产品行业，
指数：1985年产品价格指数及原材料价格为100

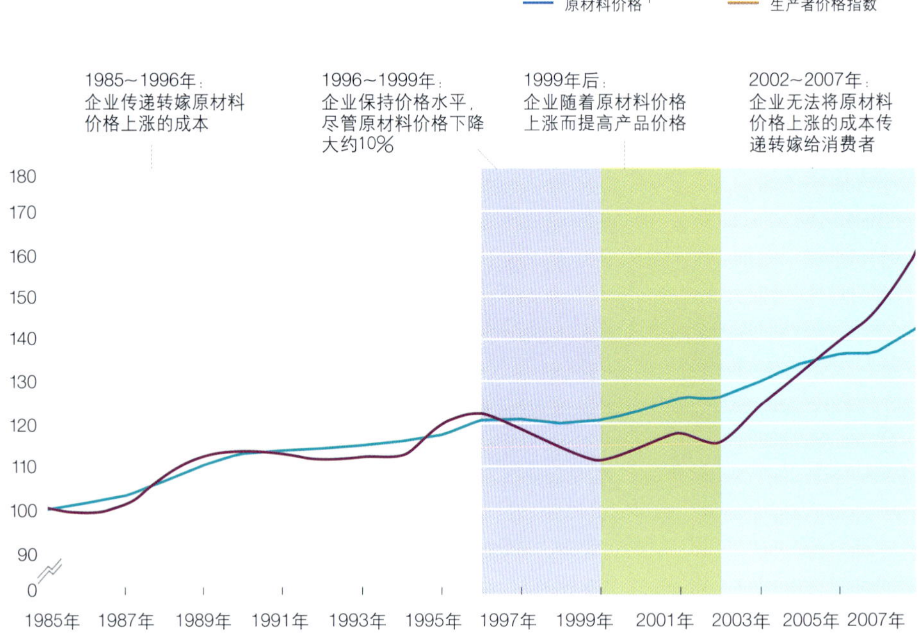

[1]加权平均价格是通过特定行业的原材料投入指数（比如软饮料行业的铝、塑料以及甘蔗的投入指数）和该行业在整个包装消费品市场中的权重，计算得出的。

资料来源：标准普尔公司Compustat数据库；美国劳工统计局；麦肯锡分析。

行的压力。有些解决方案其实并不复杂，但是，实施起来却很难，可能成为一些企业的教训。这些企业分别处在消费类电子产品、工业化学品，以及医疗设备等行业中，它们目前在原材料成本和定价方面正面临着不断波动的不利环境。

重新掌握主动权

许多经济学家和金融市场预测者认为，随着世界经济的复苏，大宗商品价格普遍上涨过程中可能会出现持续的价格波动，因此，许多行业中的企业或许会在未来的几年中很容易受损。假设在包装消费品领域，大宗商品价格在未来5年里上涨大约20%，而企业为了保住市场份额而保持价格稳定。这种情况下，利润率会降低高达4.5个百分点，或者说，相当于目前息税折旧摊销前利润（以下简称“EBITDA”）的33%左右。要避免这种命运，需要坚定的定价决心；待环境略有好转，这种决断或会带来丰厚的回报。例如，如果未来5年中大宗商品价格下降5%，而企业仍保持产品价格稳定，我们估计，该行业利润率将提高大约1个百分点，EBITDA将大涨8%，从而扭转目前的趋势。

设计、开发并营销消费者渴望获得的

能够改变格局的产品，一直是领先的包装消费品企业的活力源泉，并因此成为许多行业中企业的优先工作。对于所有企业而言，一个重要的问题是，如何利用这种创新带来的机会在相关产品类别中让价格重回上行轨道，就像宝洁公司在引入速易洁（Swiffer）清洁产品时所作到的那样[②]。利用创新获利并非易事，但是，在包装产品行业中，这一点对于那些在创新管线方面力求实现财务可持续性的企业，对于寻求能够满足新需求的稳定的新产品流的消费者，以及对于希望从消费者对新产品和现有产品的更大需求中受益的零售商来说，或许都是必不可少的。Q

Richard Benson-Armer 是麦肯锡新泽西分公司资深董事，Peter Czerepak 是波士顿分公司副董事，Tim Koller 是纽约分公司董事。

欢迎对本文发表评论。
请将评论发送至 EQChina_Comments@mckinsey.com。

欲了解如何在产品生命周期的不同阶段进行定价的相关思考，请访问《麦肯锡季刊》中文网（china.mckinseyquarterly.com），阅读“你有一个长期定价策略吗？”。

② 参见 Walter L. Baker、Michael V. Marn 和 Craig C. Zawada 所著的“你有一个长期定价策略吗？”，《麦肯锡季刊》中文网（china.mckinseyquarterly.com），2010 年 10 月。

中国新一代务实型消费者

他们在自认为价值高的产品门类上更舍得花钱，而对缺乏吸引力的商品，他们通常会削减消费开支。

安宏宇
狄维瑞
马思默
盛颐安

中国消费者的行为方式正与发达国家的消费者越来越相像。他们变得越来越挑剔，也越来越实际，他们的视野更加开阔，超越了对产品功能的基本关注。此外，他们越来越愿意为更高的产品价值和质量而花钱，并且花费更多时间研究产品，探究产品之间的细微差别。

中国消费者仍然注重品牌，但与其他国家的购物者不同，他们对产品价值的关注如此强烈，以至于对品牌的忠诚度往往退居其次。与发达国家的消费者相比，对于中国消费者来说，自己家人的需求或兴趣具有更大的重要性。在中国，口碑已成为传播产品信息的一个更重要的来源。

最有意思的是，中国消费者通过在不同的产品门类中进行权衡取舍，来区分自己购物的优先顺序：这些中国人通过在他们最关心的产品门类上花更多的钱，而减少在其他产品门类上的开支，来使他们的购买力最大化。此外，中国的市场分布广泛，这意味着，任何趋势的影响可能都会取决于当地的具体情况，因地而异。

这些趋势证明了中国人消费行为的转变，他们正成长为世界上最复杂的消费者。现在，中国已是仅次于美国的全球第二大经济体，其消费部门可能是所有大国中最健康的。

购物次数更少，购物量更大

过去，中国消费者每周的购物次数大约要比美国消费者多5次，但他们的平均购物量却只相当于美国消费者的1/4。我们今年的研究却发现，中国消费者的购物频率在下降，购物量则越来越大。总体而言，在中国的家庭和个人护理用品门类，每周购买次数从2008年的0.6次下降为2010年的0.5次；平均购物金额则从2008年的18.42元上升到2010年的24.10元。

这种变化的一个原因是，中国消费者正日益被吸引到现代零售业态购物（如大型百货商场），这种大卖场提供了对质量稳定、价格具有吸引力的产品的广泛选择。此外，中国人比过去更有钱，能在每次购物之旅中花更多的钱，这样，他们就不必浪费时间多次前往商店购物。这一调查结果表明，随着中国消费者生活质量的提高，时间变得更有价值。

在中国消费者不断变化的消费行为中，一个不同寻常之处是他们将购物作为娱乐的热情：家庭将购物之旅转化为在商业街或大型商场的玩乐之旅。在我们的调查中，约有73%的人表示，他们将购物视为一种休闲活动，45%的人将购物作为自己喜欢的一种爱好，超过一半的人认为，购物是与家人一起消磨时光的最好方式之一。与西方消费者相比，这些比例数字要大一个数量级。中国消费者进商店时往往没有任何购买意向。有时候，他们只是浏览一下橱窗或比较一下价格。另一些时候，他们可能会把购物当作一种游戏，与朋友们争相寻找最划算的买卖。

与发达市场的消费者相比，中国消费者的购物频率仍然要高得多，但我们预期，购物次数越来越少、购物量越来越大的趋势将会继续下去，至少在一些消费者细分群体中将会如此（如年轻白领及其家庭）。因此，我们认为，许多目前通行的全球零售业做法将变得更加适合中国——从更大的包装规格，到送货上门服务，到提高品牌忠诚度计划。此外，购物次数减少意味着抓住消费者的机会也会减少，因此，企业必须最大限度地利用每一次机会，或许要使用一些促销手段，如即领即用的优惠券和产品捆绑销售折扣等。使店内陈设更具吸引力的重要性也会上升。

如何将消费者吸引到商店中来将日益引起商家的重视。在一些城市，家乐福为购物者定时开出接送班车，并提供免费停车服务。今后，使购物体验更多地成为一种家庭娱乐形式可能会证明是卓有成效的——例如，在商场建筑内开设饭馆，增加儿童游乐区，或在附近开设配套的电影院。

不仅仅满足于基本功能

多年来，中国的购物者一直将一种产品的功能属性——它工作是否可靠，或者味道好不好——作为最重要的购买因素。现在这一点仍然没变，但我们的调查也发现，出现了向更高功能标准转变的趋势。例如，平板电视的购买者现在不仅关心图像质量，而且也很看重审美要求或创新功能。越来越多的洗衣粉购买者要求产品“气味芬芳”（从2008年的40%，增加到2010年的61%），以及“包装设计具有吸引力”（从2008年的16%，增加到2010年的28%）。这种发展反映了向一种消费环境的转变，在这种环境中，消费者具有要求获得除产品基本功能以外更多功能的购买力，而且，迎合消费者更精细化的品位爱好也日益成为一种准则。

然而，通过一种本地视觉会了解消费者的购买决定。在接连爆发了一系列食品安全丑闻以后，中国消费者与发达国家的消费者一样，已经变得更具有健康意识。远比其他国家更严重的是，对可能受污染的恐惧，已经推动了对不安全产品更广泛的担忧，尤其对于儿童使用的所有产品——食品、饮料、玩具和服装——更是如此。结果，中国的母亲们已成为世界上最精明老练的消费群体之一。

在情感因素越来越多地影响购买决定方面，中国购物者也正在向其他国家的消费者看齐。特别是，自2008年以来，任何特定购买行为的身份价值的重要性已有明显提升，那些渴望成功或中产阶级里的低端消费者，尤其如此，对他们来说，具有成功人士的外表形象是最重要的。另一个促进快速增长的关键购买动因是，在中国更年轻（也更富裕）的大众市场人口中，“什么最适合我”（或“什么对我有好处”）

的产品门类异军突起。这些购物者不愿意随大流，他们的购买方式不太在意别人对自己怎么看，他们更关心的是，具体的产品是否适合自己的实际生活需要。这种动因就是当消费者经济状况好转时，他们会增加消费的主要原因，也解释了为什么他们往往对更好的产品更为满意。“什么最适合我”的消费心态在诸如上海等大城市比较突出，随着全国各地消费者收入水平的普遍提高，这种心态可能会在全国范围内更为流行。

品牌具有吸引力，但只有在价格合适时才有效

中国零售业的一个信条是，消费者具有极强的品牌意识：有45%的消费者相信，“一分钱，一分货”，与之相比，在美国和日本，分别只有16%和8%的消费者如此认为。同样，与其他国家的消费者相比，愿意购买更昂贵的名牌产品的中国消费者要多得多。

然而，中国消费者也非常务实，他们的购买决定并不仅仅建立在品牌的基础上。实际上，中国消费者具有品牌意识这一事实，并不一定意味着他们就会忠于品牌。尽管消费者往往都会受到最大品牌的吸引，但由少数几种具有竞争力的产品提供的相对价值评估，通常才是选择的基础。我们的调查显示，在中国，有23%的购物者会不怕麻烦，到能提供最优惠价格的商店去购物，而在美国和日本，分别只有18%和12%的消费者会这样做。虽然质量仍然是一个重要的考虑因素，但价值才是最重要的首选因素。

中国购物者首先确定购物的预算，然后编制一个包括几种特定品牌的候选名单，最后举行“选美比赛”，以确定最具吸引力的品牌。这个购买决定往往涉及大量的研究工作，也许就是在闲暇逛街时进行的。由于消费者通常是在商店做出最终购买决定，因此，促销活动和店内广告对影响消费者倾向于购买哪些特定品牌仍然有效。此外，促销活动往往会导致消费者冲动购物，他们会通过储存生鲜食品来寻求价值最大化。

务实的“丢卒保车”

随着收入的增加，消费者购买更多、更好产品的意愿也在提高。我们在调查中发现，有3/4的城市居民家庭表示，他们至少在一个产品门类中提高了支出水平。这种趋势占到了2009年全国所有消费增长的一半。但是，中国消费者通过明确的选择来做到这一点，他们通过“丢卒保车”——削减不太重要产品门类的开支——来为在对他们最重要的产品门类上增加开支而筹钱。这就是2010年74%的消费升级率是一种误导的原因（图表1）；实际上，只有24%的消费者在没有取舍交换的情况下实现了消费升级。有整整50%的中国城市居民主动“丢卒保车”，在增加一个产品门类消费支出的同时，削减了在其他一些产品门类上的开支。在1～3个产品门类上增加支出时，相应地就要在多达7个产品门类上削减开支（图表2）。

“丢卒保车”并不是一个中国特有的现象。然而，当我们将中国与发达国家进行比较时，差异显而易见。其他国家的消费者往往在自己变得更富裕时提高消费档次。有一些消费者开始依赖信贷，他们的花费往往超过了自己的承受能力。在中国，却不是这样。中国消费者仍然非常关心自己的财务稳定性，在消费支出上量力而行。

图表1

所谓3/4的城市消费者在消费质量和价格上都提高了档次的结论是一种误导。

占受访者的百分比

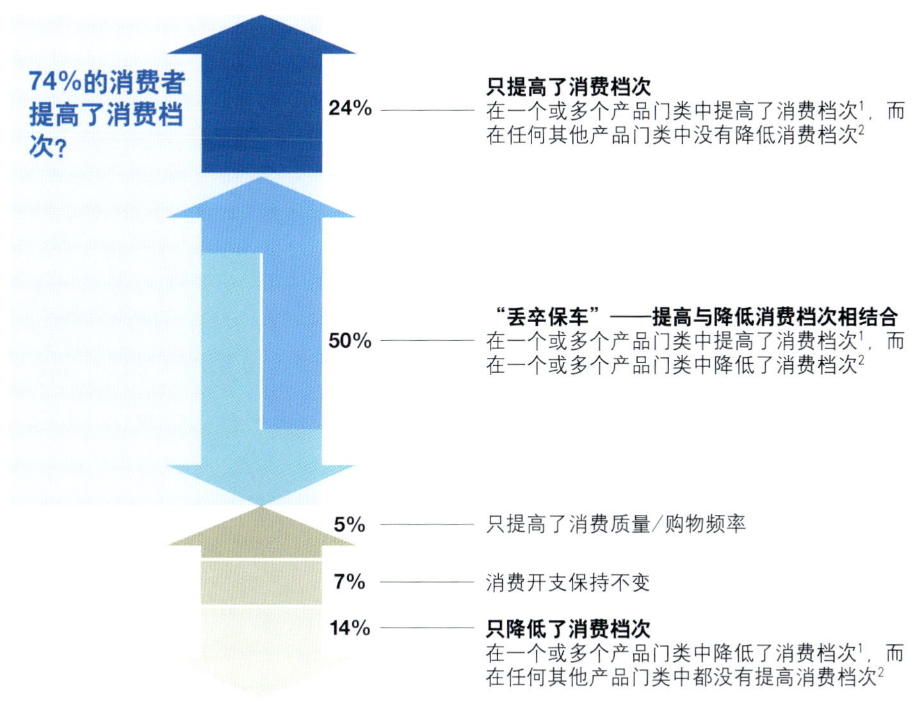

[1]消费档次提高：购买同等数量的一种特定产品，但产品质量更好，价格更高。
[2]消费档次降低：或者购买同等数量的一种特定产品，但产品质量更差，价格更低；或者产品的质量和价格不变，但购买的产品数量减少。

资料来源：2010年麦肯锡中国消费者年度调查。

当中国消费者决定在某个他们认为特别有价值的产品门类上增加开支时，他们通常会在一个或多个对自己不太具有吸引力的产品门类上削减开支。这些行为模式支持了我们的判断：中国人已成为世界上最务实的消费者，他们希望对如何支出自己日益增加的收入做出明确的选择。

我们的调查发现，在7个产品门类中，存在大量"丢卒保车"的行为。在增加开支的消费需求中，70%以上为外出就餐，50%为白领男士对酒类的消费，他们希望借此改善自己与客户或同事的关系，为此，他们削减了在个人护理用品、包装食品和零食类产品上的开支，以平衡自己的总体开支。在对高品质服装、鞋和饰品增加开支的需求中，大约有80%并非来自高收入的"时尚一族"，而是来自收入中等偏低的消费者，他们希望在找工作时给面试考官留下好印象，或显示自己已从"打工一族"跻身"消费一族"。在每种情况下，他们都要通过削减3～4个产品门类的开支来平衡增加的消费支出。

图表2

有一半的中国城市居民“丢卒保车”，在一个产品门类中增加开支，而在另一些产品门类中削减开支。

“丢卒保车”的消费者——即提高与降低消费档次相结合——在更多数量的产品门类中降低了消费档次。

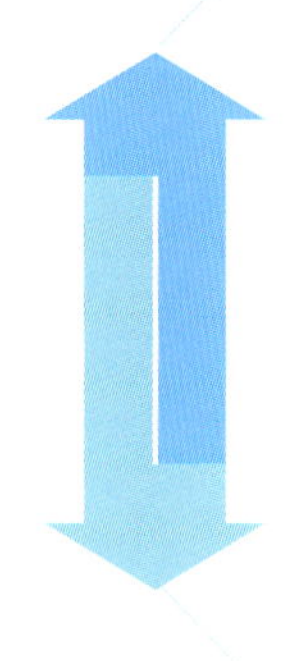

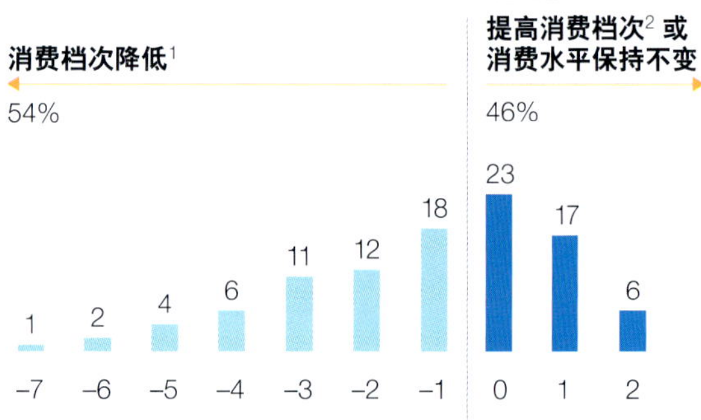

[1]消费档次降低：或者购买同等数量的一种特定产品，但产品质量更差，价格更低；或者产品的质量和价格不变，但购买的产品数量减少。
[2]消费档次提高：购买同等数量的一种特定产品，但产品质量更好，价格更高。
资料来源：2010年麦肯锡中国消费者年度调查。

这种独特的消费趋势对企业制定本地营销策略的方式具有重要意义。例如，它们可以更多投资于消费者教育（例如，通过企业网站或店内促销人员），以鼓励提高消费水平。

企业还可以采用跨类交叉促销活动，对消费者作为提高消费档次目标的一类产品的购买决定施加影响。由于提高自己娱乐场所档次的消费者很可能也会提高自己的酒类消费档次，因此，葡萄酒和烈酒供应商可能需要与时尚的酒吧和餐馆成为合作伙伴。提高奶制品消费档次的消费者可能也会提升自己购买零食、巧克力和保健品的水平，从而为厂家创造了更多的联合促销的可能性。

更明智的购物行为与口碑作用

中国消费者已经采用了各种技术来帮助自己决定购买何种产品。对于比较年轻的受众，以及中产阶级和收入更高的群体，网上比较或评议成为越来越重要的研究工具——到2010年6月，中国大陆的互联网用户已达到大约4.2亿人①。

在我们2010年的调查中，有56%的中国消费者表示，他们认为在线广告值得信任，而在2009年，只有29%的消费者这样认为。同样，分别有70%和67%的中国购物者表示，他们认为零售商和制造商的网站值得信任。相比之下，发达国家的消费

① 2010年7月，中国互联网络信息中心（CNNIC）的报告。

者更喜欢从第三方网站获取产品信息。在中国，对网上产品信息评价如此之高这一事实，使互联网对于塑造消费者舆论极其重要。在中国大陆，平均有25%的购物者表示，他们从来不会在没有事先上网查询的情况下就购买一件产品，而在美国，这一比例只有中国的一半。对于大件商品，在中国这一比例可能还要高得多，如购买汽车时，这一比例就接近45%。

中国消费者在购买一件产品之前，要对其进行更多的研究，中产阶级消费者往往要花费较长时间才能做出购买决定，因为有些商品的价格可能比他们每个月的收入还要高。例如，在一项关于购买个人电脑的调查中，中国消费者表示，为了购买一台电脑，他们可能要花3～6个月的时间，还要到商店去探访3～5次。对于大件商品，做出购买决定的时间会特别长。

近年来，作为一种消费者信息来源，口碑的作用显著增长：购物者通过网上聊天论坛，向家人和朋友打听情况，寻求建议。的确，在中国，电视广告作为提高产品和品牌知名度的信息渠道，将继续占据主导地位。但迄今为止，口碑已成为仅次于电视广告的、最受欢迎的信息来源：2010年，有64%的受访者表示，产品的口碑影响了他们的购买决定，而2008年这一比例为56%。口碑和上网研究在为电视广告提供补充信息方面也发挥了重要作用。

在中国，口碑的力量可能比在发达国家更强大。例如，一项购买保湿器的独立调查结果表明，66%的中国消费者依靠朋友和家人的建议确定购买意向，而在美国消费者中，这一比例为38%。口口相传似乎已成为一种重要的信息渠道。中国消费者希望借助家人和朋友的帮助，来拟订自己的购物清单。通常，他们还希望确保自己的选择让他们看起来很明智。

对于企业而言，这些研究结果表明，投资开发世界一流的网站，为消费者提供内容广泛的信息已变得必不可少。病毒式营销也至关重要。在我们最近研究的一个产品门类中，我们发现，来自SMS（短信服务）的短信推荐对最终入选品牌的影响力占到近1/4。一些制造商已经在互联网上建立了网站，以推动在他们控制的论坛上对其产品展开讨论。

2010年的消费者调查中传出的最明确信息之一就是，中国消费者在创建一种独特的同一性。他们不仅具有独特的爱好和购物顺序，而且有独具特色的选择和购买方式。Q

安宏宇（Yuval Atsmon）是麦肯锡上海分公司董事，狄维瑞（Vinay Dixit）在该分公司领导“麦肯锡解读中国”（McKinsey's Insights China）业务部门的工作，马思默（Max Magni）是该分公司董事，盛颐安（Ian St-Maurice）是该分公司资深专家。

作者谨向对本文做出贡献的王磊智（Glenn Leibowitz）、魏丽豪（Anita Ngai）、唐蓓、吴宜蒨、张悦和郑茵欣致谢。

欢迎对本文发表评论。
请将评论发送至 EQChina_Comments@mckinsey.com。

预测衰退的更好方法：跟踪信贷市场

信贷市场虽然比股票市场更难跟踪，但却能更清楚地预示即将到来的经济衰退。

Tim Koller

即使对股票市场进行再透彻的分析，人们依然无法有效预测衰退。要想寻找征兆，判断经济是否会出问题，信贷市场才是不二之选。信贷市场能够更加清楚地预示即将到来的衰退。

股市：马后炮

我们的股票市场模型表明，考虑到长期盈利趋势以及目前的利率和通胀率，欧洲和美国股票市场的当前水平与股票的内在价值是比较一致的。由于股票市场能够比较有效地跟踪长期经济基本面①，投资者有望获得与历史实际回报一致的长期回报，这种回报主要来自股利和股价上涨，回报率可达6% ~ 7%。

当然，虽然股票市场目前与长期经济趋势相一致，但这一事实并不能完全消除在更长的一段时期内出现重大经济动荡的可能性。股票市场过去的表现说明，它从来就不是预测衰退的良好工具。事实上，自20世纪70年代以来，每一次大衰退中，标普500指数大部分的下行都是在经济已经放慢后发生的（图表1）。例如，

图表1

股票市场的大部分下跌都是在衰退已经开始后发生的。

资料来源：标普500；麦肯锡分析。

① 请参见 Richard Dobbs、Bill Huyett 和 Tim Koller 合著的《价值：公司财务的四大基石》，Hoboken, NJ: Wiley 出版社，2010 年 11 月。

2007～2009年的衰退中，标普500指数一直到2008年第三季度才出现大幅下降，而2007年12月衰退就正式开始了，出现衰退的迹象更是在2007年中期就已经清楚显现出来。我们的分析显示，股票市场太过看重当前的经济活动，而对数月甚至一年后可能出现的情况却不够关注。

此外，在非衰退期间，当指数的数值下降时，往往并不能预示衰退的到来。在过去30年间，除了衰退期间，股票市场鲜有大幅下跌（图表2）。即使在极端的情况下，例如1987年股市在数天内下跌了20%，但这也并未预示着系统性衰退的到来。股票指数在仅仅两个月后就恢复到了正常水平。过去，这种市场波动大部分都不是由与实体经济有关的因素造成的，它们造成的影响也会迅速消于无形。股市所扮演的角色更像是一个旁观者，它被经济事件所左右，对经济事件做出回应，但人们无法通过股市预测经济事件。

信贷市场：危机孵化器

与股票市场不同，信贷市场在困难时期并不能始终顺利运转。这在一定程度上决定了它是更好的经济走向风向标。信贷市场是危机孕育的地方，危机从这一市场渗透到实体经济，然后给股票市场带来振荡。事实上，过去三四十年间的大衰退主要都是由某种类型的信贷危机推动的（图表3）。

另外，从危机成形的模式中，我们可以清楚地看到，经济危机将来还会出现，这一定程度上是因为信贷市场运作方式本身就会引发危机。理由如下：

- 信贷市场极其缺乏流动性。大部分股票的交易规模都比一般债务工具高出好几个数量级。许多投资者都自行分析股票行情，然后不时打电话给经纪人买入。但是，在购买债券时，大部分情况下是只有当经纪人打电话来推销后，他们才买。这种流动性的缺乏

图表2
股市下跌并不表明经济衰退来临。

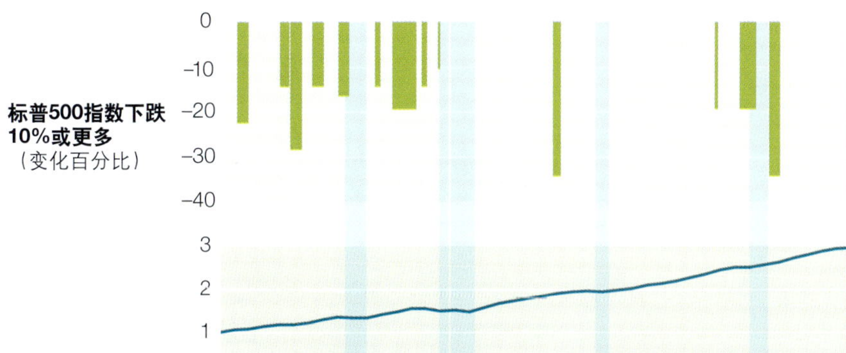

图表3

过去几十年里的大衰退主要都是由某种信贷危机所造成的。

	危机	开始日期	危机发生后的实际GDP变化（百分比）
美国危机	美联储应对通胀	1980年	–2
	储蓄信贷及垃圾债券危机	1990年	0
	美国次贷危机	2007年12月	–2
美国以外的危机	拉美（墨西哥）债务危机	1982年	–4
	日本房地产市场泡沫破裂	1990年	3
	墨西哥债务危机	1994年12月	–6
	亚洲（泰国）金融债务危机	1997年7月	–11
	俄罗斯违约危机	1998年8月	–5
	阿根廷经济危机	1999年	–1
	希腊/欧元区危机	2009年12月	N/A

有时使得银行或其他投资者难以以合理的价格出售信贷资产。另外，短期贷款的提供者，例如银行、对冲基金或其他金融机构，在老的债务到期后，可能不愿意再提供新的信贷。这就迫使债务人在售价很不合算的时候出售资产，偿还债务。

- 银行系统和以对冲基金为代表的投资者，有大量的利润来自资产和负债的不对称：他们投资于长期贷款等工具，并通过短期存款和债务来借入资金。长期利率往往高于短期利率，所以，银行的收益极其可观。通常，这种盈利模式能够运转良好。但是，有两个因素可能会影响这种模式。有时，收益曲线会发生颠倒，短期利率会高于长期利率，这时，银行正常的利润就会消失。更重要的是，短期信贷市场有时会冻结，因此，银行、对冲基金或其他金融机构无法以合理价格获得短期贷款，甚至出高价也得不到短期贷款。结果，他们只得折价出售资产。
- 这一系统受到慢性群体思维的严重拖累。信贷市场的参与者往往会采取相同的策略，因为各个银行可以轻松监测到其他银行的动向。银行和投资者往往会观察谁盈利最多，然后，模仿赢家的策略。
- 对政府救市的预期催生了一个巨大的道德风险——在美国次贷危机中，对银行的救助就是一个活生生的例子；在希腊国债濒临违约边缘时，这种风险也很可能存在。

不幸的是，危机的孕育需要几年时间，而一旦出现危机的条件成熟，那就几乎是不可避免的。要防止危机，唯一的办法就是提前数年预测到它。例如，要想防止美国次贷危机的发生，需要在2005年就大幅削减贷款。

预测衰退

对公司管理者来说，催生危机的条件

数年前就已存在，他们完全可能提前发现征兆，避免陷入信贷市场的陷阱②。

宽松的贷款标准

未来出现问题的一大明显标志就是贷款标准的放宽。例如，在20世纪80年代后期，银行对各个行业，包括处于长期衰退的行业的收入增长普遍给出了较为乐观的估计，在此基础上，银行发放了很多贷款。

高得出奇的杠杆率

危机的另一个警报信号是超乎寻常的高债务水平以及资产与负债之间的不匹配，这种情况可能发生在金融机构、企业、政府或个人身上。例如，2007年美国房地产危机爆发前几个月，美国银行和个人的负债率都高得异乎寻常。

1997年亚洲金融危机中，公司购买生产设施——典型的长期投资品——的方式是通过美元借贷债务。美元走强时，借款者就需要更多当地货币现金流才能还本付息。对冲基金常常通过短期贷款融资，以90%甚至更高的杠杆率购买缺乏流动性的资产。大众无法看到这些基金的杠杆率究竟有多高，但是，借款给他们的银行是可以看得到的。不过，只要对冲基金盈利，就没有哪一家银行愿意放弃这些客户。

没有价值的交易

不仔细观察的话，往往不容易发现，有些交易并不创造价值，但某些微妙的迹象表明此类交易却在激增。实际上，很多债务抵押债券就属于这种交易类别，例如，两年前令雷曼兄弟在信贷危机中衰亡的债券。另一个例子则是21世纪初的安然，该公司使用了许多表外负债。许多其他公司也做过类似的事。无论何时，如果公司想把负债从资产负债表中去除，投资者都应该问一问为什么。此类交易给银行家带来了大量的费用收入，但几乎不会创造任何价值。

想从股票市场中寻找未来危机或衰退的迹象是不太可能的，它不能提供可用于战略决策的前瞻信息。只要愿意跟踪信贷市场不断变动的各种因素，高管就能在经济下滑之前做好更加充分的准备。Q

Tim Koller 是麦肯锡纽约分公司董事。

欢迎对本文发表评论。
请将评论发送至 EQChina_Comments@mckinsey.com。

② 实际上，危机爆发时，资产负债情况良好的美国工业企业能够较好地渡过危机，就是因为他们没有过度举债，有足够的现金储备能够在危机期间保持灵活性。

2011议程构想

测试坏战略

你考虑过如何集中资源去争取竞争优势吗？你制定了相关战略吗？你整日埋首于规划文档和空洞虚无的目标里吗？这一组文章能帮助你自查自省。读一读 Richard Rumelt 的研究成果，了解“坏战略”是多么的普遍。再深刻理解一下麦肯锡一些领先的智囊提出的十大经典战略测试，他们如何用来在全球企业中促成战略对话。最后，思考一下一线高管针对自己的战略提出的难以解答的问题。

Neil Webb

坏战略的危险

Richard Rumelt

加州大学洛杉矶分校管理学教授 Richard Rumelt 认为，坏战略大量存在。能够发现坏战略的高管，将有更多的机会去制定好战略。

Horatio Nelson 面临着挑战。这位英国海军上将统率的舰队在特拉法加（Trafalgar）地区，面临着舰只数量多于自己的法国和西班牙联合舰队，拿破仑命令这支联合舰队破坏英国的商业贸易，并为跨越海峡入侵做好准备。1805 年，当时普遍采用的策略是两支敌对的舰队排成一行，从船舷侧面相互射击。但是，Nelson 在战略方面拥有不凡的见识，他知道该如何应对寡不敌众的局面。他把英国舰队分为两列冲向法 – 西联合舰队，从垂直方向打击排成一行的对手。冲在前面的英国舰只面临着很大的风险，但是，Nelson 却判断，缺乏训练的法 – 西炮手难以适应当时大海上汹涌的波涛，而对方舰队自身存在的缺点，使其在混战中无法与经验更加丰富的英国船长和炮手相抗衡。事实证明，他是对的：法 – 西联合舰队损失了 22 艘舰船，占其舰队船只总数的 2/3，而英国舰队的船只无一损失。①

Nelson 的胜利是运用好战略制胜的经典样板，人们事后回顾起来，总觉得它看上去简单且显而易见。不过，它并非通过某些战略管理工具、矩阵、三角形或者填空式图表得出的。事实上，是一位才能卓著的领导人在某种情况下发现了一个或者两个关键问题——能够实现事半功倍之效果的中心问题——然后集中精力以及人力和资源去解决它们。好战略并不仅仅限于敦促我们朝着某个目标或愿景前进，它诚实地承认我们面临的难题，并提供解决这些问题的方法。

有太多机构的领导人在尚无战略的时候说自己已经有了战略。其实，他们采取的是我所称的“坏战略”。坏战略忽视选择的力量，也忽视专注的力量，但却试图对相互矛盾的需求与利益进行调和。就像一名四分卫给队友唯

① Nelson 本人也在特拉法加受了致命伤，并且不治身亡，成为英国最伟大的海军英雄。该战役确保英国成为了海上霸主，并且将该地位保持了一个半世纪之久。

本文选自 Richard Rumelt 的著作“好战略／坏战略：差别所在及重要影响”，将于 2011 年 7 月由 Crown 出版公司出版。

一的忠告是“让我们获胜”，坏战略通过采用大目标、雄心壮志、大愿景和宏伟价值观的语言，来掩盖了它无法提供具体指导这一事实。当然，上述元素中的每一个构成都是人类生活的重要组成部分。但是，它们本身却无法替代制定战略的艰苦工作。

在本文中，我试图展示坏战略的特点，并解释为何它会普遍存在。毫无疑问，坏战略无处不在，影响着我们所有人。比如，政府过分倚重标语口号，其真正解决问题的能力就会越来越差；企业的董事会去签署比如意算盘好不了多少的战略规划；美国的教育系统制定了许多目标和标准，但对这些目标和标准却理解不透，而且对于导致绩效不佳的原因缺乏应对良策。我们的解决之道是，对领导者提出更高要求。我们不仅要求他们有领导魅力和远见，还要求他们拿出像样的好战略。

坏战略的特征

2007 年，我在华盛顿的一次国家安全战略研讨会上发明了“坏战略”这个词。当时，我的任务是提供一个商业视角和企业战略视角。我认为，与会者希望我的发言能够详细介绍制定业务战略所需的严肃态度和越来越高的能力。我通过讲话和幻灯片，告诉与会者，许多企业的确有强有力的有效战略。但是，根据我个人在企业实践方面的经验，我发现，坏战略的数量越来越多。

那次研讨会过后的许多年里，我有机会与许多高管讨论坏战略的概念。在这一过程中，我将坏战略的主要特征归纳为下列 4 点：无法面对挑战、错把目标当战略、糟糕的战略目标以及肤浅空洞的忽悠。

无法面对挑战

战略是渡过难关的一种方式、是克服障碍的一个途径、是应对挑战的一种方法。如果不能确定挑战，那就难以或者无法评估战略的质量。如果无法进行评估，那么，你就无法否决一个坏战略，或改进一个好战略。

International Harvester 公司以沉重的代价换取了对坏战略的这一特征的了解。1979 年 7 月，该公司的战略与财务规划师出具了一份厚厚的文件，标题是“企业战略计划：International Harvester 公司”。该文件由 5 个单独的战略计划组成，每个计划都是由一个运营部门所制定。

这份战略计划并不缺乏细节。比如，在农业设备集团（International Harvester 公司的核心业务集团，其历史可追溯到 McCormick 收割机，是该公司的基础）的计划里不乏每个细分市场的信息，以及对每一个细分市场的第一次世界大战1915～1917年期间的猛攻，曾导致欧洲整整一代年轻人丧命。或许这就是在欧洲管理讲座圈内激励性的讲演者较少，而美国较多的原因。

讨论。总的意图是，加强经销商/分销商网络，并降低制造成本。该计划还预计将把在农业设备方面的市场份额，从16%提高到20%。

这是典型的整体战略，意欲提高该公司在各个市场的份额，削减每个业务部门的成本，并由此增加收入和利润。一张摘要图表显示了以前和预期的利润，形成了一个几乎完美的曲线，下降之后是稳步上升，接着是快速复苏。

该计划存在的问题是，它甚至根本没有提及该公司严重低效的生产设施，这一问题在农业机械业务部门尤为严重，也没有提到该公司劳资关系是美国工业界里最差的这一事实。这些原因导致长期以来该公司的利润率只及竞争对手的一半。作为一家企业，International Harvester公司的主要问题是其低效的工作组织——投资于新设备或者向经理施压要求其提高市场份额都无法解决它的真正问题。

通过削减管理支出，Harvester公司在一两年里大幅度提高了报告期的利润。但是，在遭受了6个月的罢工所导致的惨重损失后，该公司便迅速开始土崩瓦解。它向Tenneco公司出售了包括农业设备业务在内的数种业务。卡车业务部更名为Navistar，如今是领先的重型卡车和发动机制造商。

总而言之：如果你无法确定并分析面临的障碍，你就没有战略。相反，你只有一个难以企及的目标、一个未必能实现的预算，或者是一系列你想入非非希望发生的事情。

错把目标当战略

几年前，一位我称之为Chad Logan的首席执行官请我与他的形象艺术公司的管理团队一起，研究“战略性思维”。Logan解释说，他的整体目标很简单——他称之为“20/20计划”。收入每年增长20%，利润也增长20%或更高。

我问他：“这份20/20计划是一个非常雄心勃勃的财务目标。为了实现这一目标，必须要做些什么？”Logan用粗粗的食指敲着那份计划说：“我曾经是一名美式足球运动员，从运动员生涯，我了解的是取胜需要实力和技能，但是，最为重要的是要有取胜的意愿——追求成功的冲动。当然，20/20是一个很难实现的目标，但是，成功的秘诀就在于你的目标要远大。我们将不断努力，直到成功。”

我再问他：“Chad，当一家公司要实现你的计划所预想的那样的绩效跃升时，你通常需要某种关键的实力，或者行业发生变化为你打开新的机遇。你能说清楚你的企业拥有哪些关键要素吗？”

Logan 双眉紧锁，双唇紧闭，对我不能理解他表示失望。他从公文箱里抽出了一张纸，用手指着那些标有着重符号的文字。他告诉我“这是杰克·韦尔奇说的。”那段话说：“我们发现，通过努力争取看起来似乎不可能的目标，我们通常能够完成不可能完成的事。”当然，Logan 对于韦尔奇的话有些断章取义。是的，韦尔奇相信高远的目标。但是，他也说过：“如果你不具备竞争优势，就不要去竞争。”

那句“不断努力直到成功”的话，让我联想起第一次世界大战 1915 ~ 1917 年期间的猛攻，曾导致欧洲整整一代年轻人丧命。或许这就是在欧洲管理讲座圈内激励性的讲演者较少，而美国较多的原因。被屠杀的军队并不输在缺乏动机，他们输在缺少有能力的、有战略眼光的领导。一位领导者有理由要求别人“做最后一拼”，但是，领导者的工作并不仅限于此。领导者——战略家——还要创造让努力成功的条件，有一个值得呼吁别人为之努力的战略。

糟糕的战略目标

坏战略的另一个标志是战略目标模糊不清。这一问题的一种表现形式是，把许多需要实现的目标混杂在一起——一堆花里胡哨、混乱不清的目标。要做的事情有一长串，它们经常被错误地标注为战略或目标，其实，却并不是战略，只是一连串需要做的事情。这样的清单常常诞生于规划会议上，在这种会议上，各利益相关方都提出他们希望完成的事情。这种会议不是专注于少数几项非常重要的事务，而是把一整天搜集到的东西统统塞进战略计划中。然后，由于发现这些东西过于繁杂，有些事务就被标以“长期”的标签，这意味着这些事情中没有一项是需要在今天解决的。下面这件事就是一个生动的例子。我最近有机会与西北部太平洋沿岸一个小城的市长讨论战略问题。他的战略规划委员会把 47 项战略和 187 个行动项目塞到了战略计划中。第 122 个行动项目就是“制定一项战略计划”。

战略目标不清的第二种类型就是“蓝色天空”——通常是对某些事务或者某个挑战的理想状态的简单重申。它回避了令人烦恼的事实：即没有人知道如何实现这一目标。一个领导兴许能成功地确定关键的挑战，并提出应对挑战的总思路。但是，如果随后的战略目标像最初的挑战一样难以实现，那么，这个战略就没有增加任何价值。

相反，好战略将精力和资源集中于实现一个或很少几个核心目标，这些目标的实现将导致一连串有利结果的出现，进而发挥作用。好战略还在位于该战略核心的关键挑战与行动之间，在愿望与可以企及的短期目标之间，搭建了桥梁。这样，在现有的资源和能力条件下，一项好的战略所设定的目标实现的可能性就很大。

肤浅空洞的忽悠

平庸与坏战略的最后一个特点是肤浅的抽象——空洞的术语堆砌——旨在掩盖思想的缺失。肤浅就是对于显而易见的东西进行重申，再慷慨大方地加上一些听上去像是内行的专业术语。下面是从一家大型零售银行的内部战略备忘录上摘抄下来的话："我们的基本战略是为以客户为中心的金融中介的战略。"金融中介意味着该公司接受存款，然后，再把钱借出。换而言之，它是一家银行。"以客户为中心"这个时髦的词语可能意味着该银行将通过提供更好的条件和服务进行竞争，但是，仔细研究其战略，却并没有发现在这方面有任何与众不同之处。"以客户为中心的金融中介"就是纯粹的忽悠之辞。删去该忽悠之辞后，你会发现，该银行的基本战略就是成为一家银行。

为什么有这么多坏战略？

坏战略的根源有许多，但是，我在这里只集中讨论两个：无选择能力，以及模板式的战略规划——即用"愿景、使命、价值观、战略"这些词语在现成模板中填空。

无选择能力

战略需要突出重点，因而就需要进行选择。选择意味着放弃一些目标，而专注另一些目标。如果不做这种艰难的工作，就会产生坏战略。1992 年，我与 Digital Equipment Corporation 公司（以简称"DEC"）的一些高管一起讨论战略问题。作为在 20 世纪六七十年代小型计算机革命的领导者，在新出现的 32 位个人计算机的冲击下，DEC 已经连续好几年不断丢失自己的市场。如果不进行重大变革，该公司可能无法长久地生存下去，这并非危言耸听。

为了把事情简化，我假设只有 3 位高管在场。"Alec"认为，DEC 一直以来就是一家计算机公司，应该继续从事把硬件和软件集成为有用的系统的业务。"Beverly"认为，DEC 拥有的唯一赖以生存的独特资源是其客户关系，因此，她拒绝 Alec 的"攒机"战略，而倾向于解决客户问题的"解决方案"

> 浏览模板式规划的文件，你会发现，那些显而易见的虚伪的陈述听起来仿佛就是有决定意义的真知灼见。

战略。“Craig”则认为，计算机行业的核心是半导体技术，因此，该公司应该将自己的全部资源集中于设计并打造更好的“芯片”。

选择势在必行：芯片和解决方案战略都代表该企业需要进行重大转型，而每一种战略都需要全新的技能和工作实践。如果不是维持现状的攒机战略有可能失败，企业是不会冒险选择另外两种战略的。但是，企业不能选择既做芯片又做解决方案，因为它们之间没有什么共通之处。同时，对企业的核心部门进行两种互不相关的深度转型，也是不可行的。

支持三种相互矛盾的战略的高管势均力敌，会议的争论非常激烈。DEC 的首席执行官 Ken Olsen 犯了一个错误，想让这些人达成共识。这是根本不可能的，因为大部分选择解决方案的人反对攒机，而大部分选择攒机的人又反对芯片，还有大部分选择芯片的人反对解决方案。无论选择这三条路中的哪一条，都会有大部分人持反对意见。这种左右为难的困境并非 DEC 公司的这种僵局所独有。

毫不奇怪，该集团在声明中进行了折中：“DEC 致力于提供高质量的产品和服务，并成为数据处理技术的领先企业。”当然，这种空洞肤浅、模棱两可的声明绝不是战略。那些被迫形成一致意见的人，无法就应该放弃哪些利益和理念而达成共识，因而产生了这样的政治性结果。

1992 年 6 月，Ken Olsen 被 Robert Palmer 取而代之，后者以前是该公司半导体设计部门的领导。Palmer 明确了该公司的战略就是要做芯片。公司最终对此形成了一致的看法。但是，此时已经晚了 5 年。Palmer 一度止住了公司亏损，但是，却回天乏术，无法阻止更为强大的个人计算机大潮颠覆了公司。1998 年，DEC 被康柏公司收购，而康柏公司又在 3 年后被惠普公司收购。

模板式战略

杰克·韦尔奇所说的“完成似乎不可完成的任务”已经成为相当标准的激励性词语，数以百计的激励性讲演者、书籍、日历、备忘录和网站都曾引用。这种对积极思维的痴迷有助于激发人们对有超凡魅力的领导人的想法，也有助于唤起一种共同愿景的强大威力，这种痴迷把各种想法和力量刻板地缩减成某种公式化的东西。基本可以这样的概括：转型领导人（1）制定或者拥有一个愿景；（2）激励人们为了组织变得更好而做出牺牲（或变革）；（3）给人们以力量去实现上述愿景。

在 21 世纪初期，愿景式领导人和战略制定工作共同产生了一种模板式的战略规划系统。在搜索引擎中输入“愿景使命战略”，就能够找到数以千计的此类模板，供出售和使用。这种模板是这样的：

愿景：填写你关于未来的学校 / 企业 / 国家 的愿景。目前流行的愿景是成为最好的、领先的或者最著名的……

使命：就学校 / 企业 / 国家的目的，填写政治上正确的高调陈述。创新、人类进步和可持续解决方案都是使命陈述声明中最为流行的元素。

价值观：填写描述企业价值观的陈述，确保这样的陈述不存在争议。关键词包括“诚信”、“尊重” 和 “卓越”。

战略：填写某些远大志向 / 目标，但是，得把它们称为战略。比如，“对能够为股东创造价值，能够帮助客户实现增长的高绩效业务系列组合进行投资。”

许多企业、学校董事会、大学校长和政府机构都十分热衷于采用这种模板式规划。浏览这样的文件，你会发现，那些显而易见的虚伪的陈述听起来仿佛就是有决定意义的真知灼见。这种做法造成的严重问题是，那些真正希望制定并实施有效战略的人会被空洞的言词和坏样板所包围。

好战略的核心要素

至此，我希望你能够完全认识到好战略与坏战略之间的巨大差别。在结束本文之际，我将在如何制定好战略方面助你一臂之力，好战略通常具有下列基本的内在结构：

1. **诊断**：解释挑战的性质。好的诊断会把所处形势的某些方面确定为关键点，从而将通常极为复杂的现实化繁为简。

2. **指导方针**：针对诊断中所确定的问题难点而选择的应对总方针。

3. **有条理的行动**：相互协调的、为支持指导方针顺利执行的若干步骤。

我将介绍 Nvidia 公司从困难重重的初创企业发展为 3D 图形芯片的市场领先企业的历程，以此来说明这一点。Nvidia 公司的首款产品是面向视频、音频及 3D 图形的 PC 内插板，在商业上并不成功。1995 年，初创的竞争对手 3Dfx Interactive 公司在满足游戏玩家对快速 3D 图形芯片的需求方面取得了领先地位。此外，据传业内巨头英特尔当时也在考虑推出其自己的 3D 图形芯片。诊断结论是：“我们在性能竞赛中落败”。

Nvidia 的首席执行官黄仁勋的主要洞见是：鉴于 3D 显卡的发展速度很快，公司应每 6 个月就推出一款新芯片——而不是行业标准速度 18 个月，这将会获得至关重要的差异化优势。简而言之，这一指导方针就是，“以比行业常规速度快 3 倍的节奏，推出速度更快、性能更好的芯片”。

为了实现这一快速发布周期，该公司强调了几项条理清晰、协调一致的行动：组成了3个开发团队，它们按照相互重叠的进度表工作；对大规模模拟和仿真设施进行投资，以避免芯片制作和软件驱动程序开发的延迟。随着时间的推移，该公司从著名品牌的内插板制造商处重新夺回了驱动程序开发的控制权。

在接下来的10年中，该战略发挥了巨大的作用。英特尔公司于1998年推出了3D图形芯片，但却无法追上Nvidia的步伐，不得不在一年后退出了独立3D图形芯片业务。2000年，3Dfx公司的债权人启动了针对该公司的破产程序，而该公司此前为了赶上Nvidia一直在苦苦挣扎。2007年，《福布斯》杂志将Nvidia评选为“年度企业”②。

• • •

尽管将战略等同于雄心、领导力、愿景或规划的声音甚嚣尘上，但它们并不是战略。更恰当地说，战略是由某种论据支持的一致行动。战略制定者工作的核心永远是一样的：发现所处形势中的要害问题，设计一种应对之策，采取协调而注意力集中的行动去解决问题。Q

Richard Rumelt 是加州大学洛杉矶分校 Anderson 管理学院商业与社会学 Harry 和 Elsa Kunin 讲席级教授。

欢迎对本文发表评论。
请将评论发送至 EQChina_Comments@mckinsey.com。

② 甚至好战略也不能一劳永逸，永远有效。目前已经成为AMD的一部分的ATI，已经成为图形处理器方面的强大竞争对手，而Nvidia在快速发展的移动图形业务方面也受到了挑战，在该业务领域，成本往往比性能更重要。

你最近测试过自己的战略吗?

十项永不过时的测试可以帮助你检查自己的战略是否存在问题，并提升企业内部的战略对话水平。

Chris Bradley

贺睦廷

Sven Smit

“战略领域的下一个新事物是什么？”一位高管最近曾询问瑞士 IMD[①] 的 Phil Rosenzweig 教授。对于一位专职致力于推进战略技术发展的人来说，他的回答有些出人意料：“恕我直言，我认为这是一个错误的问题。在战略领域，总是有一些新东西，但其中大部分并不太理想。与其去追寻下一个新思维，还不如仔细考虑我们已知的正确的事情，并确保我们能把它做好，这样，或许更好一些。”

让我们面对这样一个事实：有利于制定好的战略的一些基本原则往往会变得模糊不清。有时，对此的解释是，这是对未来新事物的一种探索——在一个通过有望解开竞争优势秘密的各种框架不断积累而形成的领域中，这是很正常的[②]。而在另一些情况下，“罪魁祸首”是那些泛滥成灾的数据、铺天盖地的分析和堆积如山的文件，它们更有可能分散人们的注意力，而不是启发人们的思维。

从根本上说，战略是一种思维方式，而不是一种程序性的应用或一组框架。为了激发这种思维以及随之而来的对话，我们制定了一组测试项目，旨在帮助企业高管评估其战略的优势。我们侧重于测试战略本身，换句话说，就是战略制定流程的输出结果，而不是生成战略的框架、工具和方法。这样做有两个原因。首先，企业采用多种不同的方式来制定战略，这些方式往往因它们的组织、员工和市场而异。其次，许多战略是随着时间的推移而逐渐形成的，而不是从一种精心构思的流程中产生的[③]。

---

① 国际管理发展学院。

② 如欲了解战略作为一个研究领域诞生与发展的丰富记述，请参阅 Walter Kiechel 所著“The Lords of Strategy”，波士顿，马萨诸塞州：哈佛商学院出版社，2010 年。

③ 对于战略更多是自然形成，而不是人为规划的观点，如欲了解其经典论述，请参阅 Henry Mintzberg 撰写的“制定战略”，《哈佛商业评论》，1987 年 7 ～ 8 月，第 65 卷，第 4 期，第 66 ～ 75 页。

我们的清单上共有 10 项测试，但并非所有测试项目的作用都相同。第一项——“你的战略将会战胜市场吗？”是一项综合测试。其余 9 项测试则对一种能战胜市场的战略格局进行了分解，虽然一种战略在没有“通过”所有 9 项测试的情况下，也完全有可能取得成功。这张测试清单可能听起来比 3C 战略模型或五种战略力量④更复杂。但是，根据我们的经验，复杂的压力测试有助于更精确地找出这种战略需要在哪些领域起作用，同时产生一种更深入、更富有成效的战略对话。

这些战略对话至关重要，但它们往往结构松散、内容脱节。在过去两年中，当我们与世界各地的 700 多位高级战略专家在专题研讨会上探讨我们的测试方法时，我们听到了这种响亮而清晰的声音。此外，《麦肯锡季刊》最近对 2135 名企业高管的调查表明，只有极少数战略能够通过三项以上的测试（图表 1）。与此相反，现任和前任战略专家的看法（请参阅“四位高管谈战略测试的不同做法”一文）表明，本文描述的测试方法有助于将这些最优秀的战略专家完全凭直觉去做的一些事情正规化。

实际上，对一种良好战略的测试是不会过时的。但现在，对一种战略进行压力测试的能力却特别具有时效性。2008 年的金融危机和随之而来的经济

图表 1

大多数企业的战略都只能通过这10项测试中的不到 4 项。

被确定为与企业战略完全相符的测试项数，占受访者的百分比

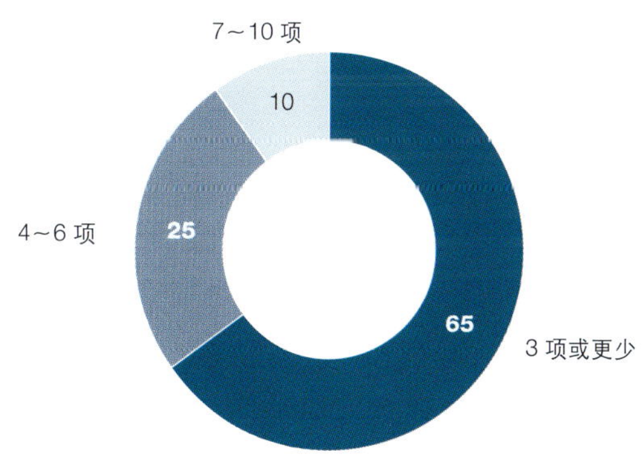

资料来源：2010 年麦肯锡就测试业务战略问题对2135名全球高管的调查。

④“3C”和“五种力量”都是具有开创性的战略框架。3C（竞争对手、客户和企业）是由退休的麦肯锡合伙人 Kenichi Ohmae 在《战略家的观念》(The Mind of the Strategist)（McGraw-Hill 出版社，1982 年）一书中提出的。五种力量（准入壁垒、买方影响力、供应商影响力、替代者的威胁和竞争程度）是由哈佛商学院教授 Michael Porter 在《竞争战略》（自由出版社，1998 年）一书中提出的。

衰退使一些战略落后过时，暴露出了其他企业的各种弱点，并迫使许多企业直面它们在经济繁荣时期迟迟没有去做的抉择与取舍。同时，向更短的规划周期和分散型战略决策的转变，正在增大一组通用测试工具的效用⑤。所有这些，都使现在成为检查你的战略是否存在问题的最佳时间。

你的战略会战胜市场吗？

所有的企业都在被客户、供应商、竞争对手、替代者和潜在入行者所包围的市场中运营，所有企业都试图提升自己的市场地位。这种进程势不可挡、冷酷无情地推动经济盈余——企业获得的回报与其付出的资本成本之间的差额——趋近于零。

对于一家能通过获取和保持经济盈余，从而战胜市场的企业来说，必然存在某种会使市场停止——或至少放慢——正常运转的缺陷。由一家企业控制的某种市场缺陷就是一种竞争优势。按照定义，这些缺陷的出现稀少而短暂，因为市场会推动企业向平均业绩回归（图表 2）。业绩最好的企业会被一

图表2

市场推动业绩回归到平均水平。

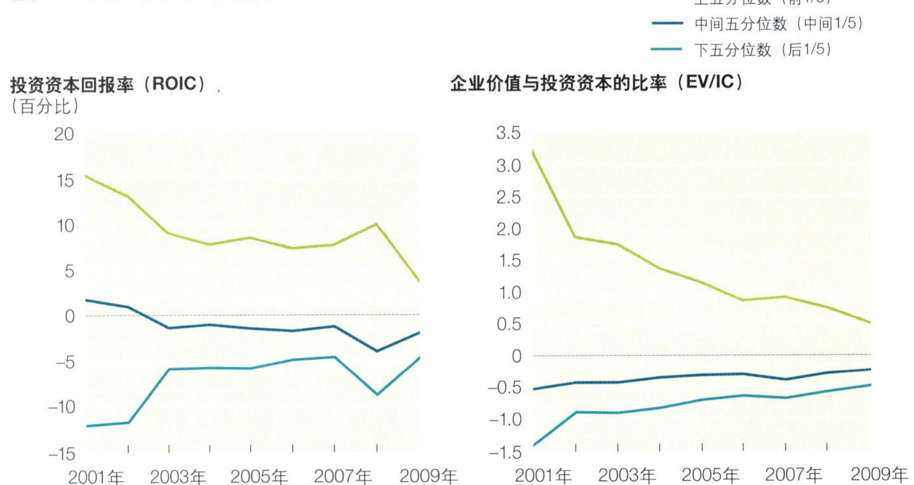

[1]2009 年，美国上榜的最多达1200家非金融企业样本缩减到了743家（这些企业2001 年也在榜单中）。
资料来源：标准普尔公司Compustat 数据库；麦肯锡分析。

---

⑤ 如欲了解有关在当今环境下制定战略的更多信息，请参阅 Lowell Bryan 撰写的“动态管理：提高不确定条件下的决策水平”，《麦肯锡季刊》中文网（china.mckinseyquarterly.com），2009 年 12 月，以及“驾驭新常态——与四位首席战略官的对话”，《麦肯锡季刊》中文网（china.mckinseyquarterly.com），2009 年 12 月。

大群竞争者中的某些佼佼者努力赶上，业绩最差的企业则会被淘汰出局或进行重大改革。由于每个参与竞争的企业都会对其他竞争对手的行动做出回应，或从中学习仿效，最佳做法很快会变得司空见惯，而不再是一种能战胜市场的战略。良好的战略强调差异——与你的直接竞争对手的差异，与潜在替代者的差异，以及与潜在入行者的差异。

市场参与者在一个被随机性所困扰的舞台上演出你争我夺的悲喜剧。由于市场的演变具有路径依赖——也就是说，在任何时候，它当前的状态都是以前的所有事件（包括许多随机事件）积累的产物——今天的赢家往往只是历史的造化。研究一下美国轮胎行业的发展轨迹以及航空航天和信息技术行业的历史，就不难明白这个道理。

因此，为了战胜市场，在面对来势汹汹的市场力量时，企业的优势必须健全持久和反应灵敏。在战争中，当实力较弱的竞争者采用一种有悖常理的战略时，往往会出奇制胜，而在商场中，也同样如此[6]。

第 2 项测试：你的战略发掘了优势的真正来源吗？

知道了自己的竞争优势，你就已经回答了为什么自己能赚钱的问题，反之亦然。竞争优势来自两种稀缺资源：位置优势和特殊能力。

位置优势植根于那些结构上具有吸引力的市场。根据定义，这些优势有利于市场原有的企业：它们在“高墙”里面与外面的企业之间建立了一种不对称性。例如，在澳大利亚，两家啤酒生产商控制了 95%的市场份额，而且其利润是美国啤酒生产商的 3 倍。这种状况已经持续了 20 年，但并非总是如此。从 20 世纪 80 年代开始，澳大利亚的啤酒行业经历了并购整合。这种结构上的变化与行业经营行为的变化（价格上升幅度开始超过总体通货膨胀率）以及行业绩效的变化（较高的盈利能力）有关。了解结构、行为与绩效之间的关系是探索位置优势的一个重要组成部分。

竞争优势的第二个来源——特殊能力是一些稀缺的资源，这些资源的拥有者被赋予一些独一无二的优势。我们将一些最显而易见的资源，如药品专利权或矿藏开采权，称为“特许的、可交易的资产”：它们可以购买和出售。第二类特殊能力称为“独具的能力”，包括一家企业做得特别出色的事情，如创新或管理利益相关方。这些能力在创造优势上同样可以起到很大作用，但

⑥ 请参阅 Ivan Arreguin-Toft 所著的“How the weak win wars: A theory of asymmetric conflict”，剑桥，英国：剑桥大学出版社，2005 年。

却不能很方便地进行交易。

很多时候，企业在宣称其拥有特殊能力时往往比较草率。这样一种能力必须对于企业的盈利至关重要，而且，这种资源必须在本企业内十分丰富，而在企业以外却相当稀缺。按其定义，特殊能力往往性质特别、数量稀少。企业经常在这个问题上犯错误，它们错误地将其当作规模优势，或高估了自己跨市场利用其特殊能力的能力。它们从看到业绩来推断自己具有特殊能力，往往没有考虑到可能有其他的解释（如运气或位置优势）。企业在将自己的希望寄托在任何自称的能力优势之前，应该主动对其进行测试。

当企业将能够共同创造优势的各种活动“捆绑”到一起时，竞争对手要确定和复制其确切的来源就变得更加困难。例如极为成功的折扣杂货零售商阿尔迪（Aldi）公司的案例。为了提出其价格低廉的价值主张，阿尔迪完全重新设计了一家超市的典型业务系统：只有大约1500种产品，而不是30000种产品；只有一种自有品牌或私家品牌的长袜，而不是数百种全国品牌的长袜；货盘和手推车上的补货品种非常少，从而避免了成本不菲的手工整理货架的任务。鉴于任何希望复制整个这种系统的超市都需要做出巨大的变革，因此，要模仿阿尔迪的价值主张非常困难。

最后，不要忘记，要用一种动态的观点看问题。什么因素可能会削弱位置优势？哪些特殊能力正变得不堪一击？有充分的理由可以相信，竞争对手将不会放过任何易受攻击的薄弱点。就像刘易斯·卡罗尔的小说《爱丽丝梦游仙境》中的红心皇后一样，为了留在原地，就必须不断向前奔跑。

你的战略是否精细化地定义了在何处参与竞争？

为了战胜市场，就需要回答在哪个市场竞争的问题。研究表明，用于确定战略的分析单位（从根本上说，就是将一个市场细分到何种程度）会极大地影响资源分配，从而影响成功的可能性：以不同的方式划分同样的业务，会导致截然不同的资本分配方式。

什么是最恰当的精细化水平？有理由增加最精细的潜在目标细分市场：考虑30～50个细分市场——而不是更常见的大约五个。相比之下，在很多时候，根据组织结构图来界定业务单元会使一些定义的市场变成空白，从一开始就缩小了战略思考可能包括的范围。

为了改进自己的战略，正确地定义和了解这些细分市场是企业可以做的最实用的事情之一。一家大型银行的管理层曾将自己的快速增长和市场份额增加归功于非常出色的客户感受和满意度。但通过在更精细的程度上对该银行的市场进行考察，结果表明，它的优异表现可能90%都应归功于比较多地面向一个快速增长的城市，以及出现在一个快速增长的产品细分领域。这种洞见帮助该银行避免将自己的战略建立在确定某种因素对其整体运营起作用和不起作用的错误假设上。

事实上，根据《精细化增长》一书中总结的研究成果，收入增长差异的80%都可以用关于“在何处竞争”的不同选择来解释，只有大约20%取决于“如何竞争”的选择。遗憾的是，在一个典型的战略制定流程中，对时间和精力的分配正好与此相反。企业应该将自己的很大一部分注意力转向“在何处竞争”，并且，当机会在各个细分市场之中和之间转移时，企业应该通过定期重新分配资源，努力与竞争对手进行错位竞争。

4 项测试：你的战略能否使你领先于趋势？

新趋势的不断涌现是一种常态。然而，有许多战略在延续现状上所占的比重过大，因为它们是根据过去 3 ~ 5 年的情况推断得出的，由于这一时间框架太短，因此难以捕捉到真正强大的市场力量。

例如，一项重大创新或在监管、需求或技术上的一种外部冲击可能会推动一次快速而全面的行业转型。但是，大多数趋势的出现都相当缓慢——以至于在某种趋势影响到盈利之前，企业一般都没有对其进行回应。到此时，再采取战略上有效的应对措施为时已晚，更遑论利用这种变化打造自己的优势。由于受到各种沉没成本、不愿放弃传统业务或仍然迷信以往的成功模式等因素的制约，管理者通常会推迟采取行动。这种延误代价不菲：如一些主要的连锁旅行社因为迟迟未能认识到网上中介的力量而陷入的困境。与此相反，对于那些走在趋势前面的企业来说，重大的市场转型是一种机遇，使它们可以重新思考自己在从技术到分销的各个领域的参与方式，以及调整自己的战略，以适应新的环境。

为此，战略专家必须认真地进行趋势分析。要始终关注最新的前沿动态。似乎总是率先反应的早期用户和一小部分核心消费者有何动作？新入行的小型创新企业正在做什么？哪些正在开发的技术可能会改变游戏规则？为了了解哪些趋势真正至关重要，需要评估其对你的企业财务状况有何潜在影响，

如果评估结果是肯定的，就要明确阐释你将以不同方式做出的决策。例如，不要仅仅停留在将人口老龄化作为一种趋势——要努力从中得出其结论。哪些消费行为会发生变化？哪些特定的产品线会受到影响？对企业的损益表有什么确切的影响？这种格局与企业当前的投资重点是否协调一致？

第 5 项测试：你的战略是否基于独到的洞见？

如今，可以廉价、便利和轻而易举地将各种数据资料组合成详尽的分析报告，这些报告可使企业高管们惬意地感到，自己拥有一种情报灵通、信息全面的战略。但是，这些数据资料很多都是毫无意义的“噪声”，而且竞争对手普遍也能获得其中的大部分信息。此外，对现成资料例行公事的分析会转移企业的注意力，使其忽视产生洞见的优势在于：隐藏在噪声中的微弱信号。

提出慧眼独具的洞见并不容易。事实上，这是优秀战略的基本要素，而大多数企业都未能很好解决这一问题（参见第 100 页的“缺乏洞见”）。找出问题可以帮助你着手解决问题。首先列出一个简短的问题清单，而这些问题的答案将对企业的战略产生重大影响——例如，“如果印度的发展遇到暂时困难或陷于停滞，我们将会后悔做了什么事？我们要怎样做才不会后悔？”在这样做时，不要忘了仔细审查那些支持既有业务模式的各种假设，包括显性的和隐性的假设。它们是否还适合当前的环境？

另一个关键是，要通过实地调查或研究——而不是对所有其他人都在使用的相同行业报告“炒冷饭”——收集新的数据资料。同样，寻找新颖的方式来分析这些数据资料，可以产生具有说服力的新洞见。

最后，许多战略性的突破都来源于一种简单而深刻的客户洞见（通常是以一种新的方式为客户解决老问题）。根据我们的经验，那些尽力从客户的角度去感受世界的企业，通常都能制定出更好的战略。

第 6 项测试：你的战略是否考虑到了不确定性？

制定战略的一个主要挑战是，我们必须现在就做出抉择，但其结果却出现在一个我们无法完全了解或控制的未来环境中。纳入不确定性的一个关键步骤是，尝试准确地描述你所面对的不确定性属于哪种类型——令人吃惊的是，在许多企业中，这种做法竟然非常少见。在多年的工作中，我们一直强调，不确定性有四种不同的级别。第一级提供了对未来前景相当清晰的看法：给出了其严密性足以支持明确决策的一系列结果。在第二级，有许多可以确认的结果，企业应当对这些结果未雨绸缪。在第三级，可能出现的结果不是用一组时间点来表示，而是用一个可以理解为概率分布的范围来表示。第四级的特点是总体上模糊不清，即使是结果的分布也是未知的。

根据我们的经验，企业在评估不确定性的级别时总是左右摇摆，要么过于简单化地假设自己在第一级运营，并做出大胆但未必正确的时间点预测，要么被一种不必要的悲观情绪所控制，认为自己处于无能为力的第四级。其实在每种情况下，通过仔细分析形势，通常都能将不确定性重新划分到处于中间地带的第二级和第三级。

为了准确了解你所面临的不确定性，首先要列出将会影响战略决策的变量清单，并根据其影响力排出优先次序。早期分析的重点是尽可能消除更多的不确定性——例如，通过排除那些不可能的结果，并利用仍然有效的基本经济学原理，找出那些要么相互加强，要么因为在市场中会彼此抵消而不太可能的结果。然后，应用各种工具（如情境分析）对剩余的、无法消除的不确定性进行分析，这种不确定性在你的战略中应该具有核心地位。

第7项测试：你的战略能否在承诺与灵活性之间保持平衡？

承诺与灵活性以彼此成反比的方式存在：你做出的承诺越大，留下的灵活性就越小。这种紧张关系是战略的核心挑战之一。事实上，随着时间的推移，战略的表达完全可以做到在承诺与灵活性之间实现恰当的平衡。

为了有效地进行这种权衡。必须了解哪些决策会涉及到承诺。在任何一个大型企业中，每年都会有数百人做出数千项决策。其中只有少数属于战略决策：这些决策涉及通过对长期持有的、企业特有的资产进行难以逆转的投资来实现的承诺。承诺是获得可持续的竞争优势的唯一途径。

在一个不确定的世界中，战略不只是关于在哪里竞争以及如何竞争的问题，而且还包括在什么时候竞争。太早参与竞争可能是一种冒险行为。太晚参与竞争也很危险，或者是因为机会稍纵即逝，或者是因为竞争对手可能已夺得先机，而你的企业只能做局外人、作壁上观。灵活性是必不可少的战略要素，它使企业能在风险/回报权衡似乎最有利时做出承诺。

现在，一种能战胜市场的战略将会集中精力只做出少数几项关键的、高承诺的抉择，而保留做出其他抉择的灵活性，随着时间的推移再逐步完成决策。实际上，这种做法意味着，在制定自己的战略时，将其作为由三部分构成的组合决策：第一部分是“大赌注”，即旨在获得重大竞争优势的承诺立场；第二部分是“无悔举措”，它们无论在何种情况下都能获得回报；第三部分是“真实选项”，即这些行动现在涉及的成本较低，但随着环境条件的不断变化，可能会允许其提升到更高水平的承诺。你可以通过不同的方式——例如，将主要的资本项目模块化，或保持可在不同的投入之间转换的灵活性——将低价选项纳入制定的战略之中。

第 8 项测试：你的战略是否受到偏见的影响？

你有可能真的相信，自己有一项能战胜市场的战略，而实际上，你却做不到这一点。有时，这是因为一些你无法控制的力量发生了变化。而在其他一些情况下，其原因则是自己并未意识到的思维偏差。

行为经济学家已经确认了人的大脑具有的许多特点，这些特点在我们更广泛的、私人化的环境中往往属于长处，但在商业决策领域却可能与我们作对。最大的害处包括盲目乐观（我们倾向于希望获得最好的结果，并且过分相信自己的预测和能力）、锚定效应（将我们对某种事物的评价限定在一个主观臆断的参考点上）、损失规避（过分强调避免负面影响，因此回避值得一冒的风险）、确认偏见（过于看重能证实我们主张的信息）、羊群效应（在从众时才感到安心）和优胜者偏见（基于对提出创意的人的好感，而给予该创意好评）。

制定战略特别容易犯逻辑上的错误，因为它是依靠外推方式，通过现在观察到的一系列复杂因素，去赢得未来的胜利。这一领域特别容易滋生两大推论问题：归因错误（被“光环效应”所支配）和生存者偏差（忽视“沉默的失败者墓地”）。归因错误是将成功错误地归因于一些可见的因素；它在战略上表现为“事后诸葛亮”，以及假定复制另一家企业的行动将会导致类似的结果。生存者偏差则是引用基于幸存的群体，而没有考虑那些未能存活者的分析结果，来讲述自己的故事：这种做法会歪曲我们对什么因素促进了成功的看法，并且不可能提出什么因素可能会导致失败的洞见——幸存者仅仅是运气更好吗？案例研究有其重要性，但在现实中，“事后诸葛亮”并不是 20/20 预测法则，因为存在太多未被发现的因素。

提出多种假设和可能的解决方案供决策者选择，是“去偏见”决策的一种方式。很多时候，人们的典型做法是，先提出一种有希望被采纳的假设，然后不遗余力地构建一个事实基础来验证它。与此相反，至关重要的是，要在决策时引入新的观点，并保持一种勇于质疑的企业文化，在这种文化中，鼓励人们履行提出异议的义务。

决策流程也可以通过一些方法去除偏见，例如，预先规定客观的决策标准，以及检查出错的可能性。采用一些技术——如“事前验尸”（想象你自己身处未来，而你的决策已被证实是错的，查明该决策出错的原因）——可能也大有裨益。

第 9 项测试：你对按照自己的战略采取行动有足够信心吗？

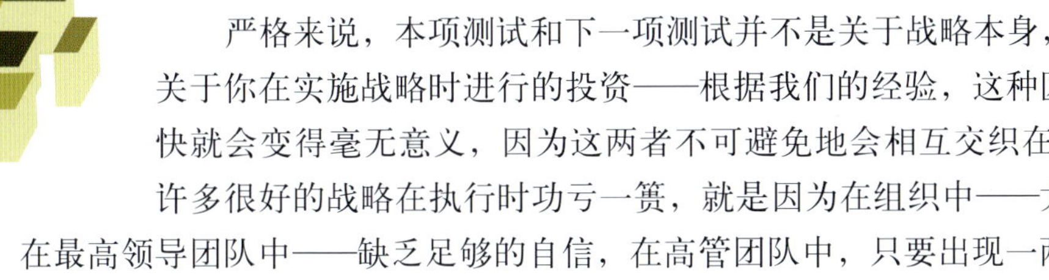

严格来说，本项测试和下一项测试并不是关于战略本身，而是关于你在实施战略时进行的投资——根据我们的经验，这种区别很快就会变得毫无意义，因为这两者不可避免地会相互交织在一起。

许多很好的战略在执行时功亏一篑，就是因为在组织中——尤其是在最高领导团队中——缺乏足够的自信，在高管团队中，只要出现一两个持怀疑态度的高管，就可能将战略变革扼杀在摇篮之中。

在那些需要改变战略的企业中，这通常是因为外部环境的变化已使支撑企业以前战略的假设变得陈旧过时。为了推进新战略的实施，你需要有一种流程，使管理人员能公开质疑陈旧的假设，并允许他们提出一套适应新形势的新理念。仅仅通过冗长的报告和陈述，不太可能实现这一目标。这种社交流程也不需要在正式的会议上完全接受各种新理念——团队构成、建立共识、公开和弥合分歧、调整和承担责任。

在管理层进行了精彩的陈述后，首席执行官和董事会不应该被自己感受到的火热激情所欺骗。他们必须确保整个团队都真正接受支持这种战略的新理念。这种要求意味着，通过获得一些体验，使决策者们走上发现之旅，这些体验将帮助他们从内心深处领会到，新战略的要求与多年来为他们带来了成功的举动之间可能存在错位。例如，通过访问工厂和客户，或者到自己企业计划进入的某个国家出差，可以让领导团队亲自会见关键的利益相关方。实物模型、视频剪辑和虚拟体验也可以提供帮助。

这种努力的结果应该成为一些具有影响力的人物的支持基础，他们感觉到与这种战略密切相关，甚至有可能成为这种战略的鼓吹者。由于战略往往源于高层领导，以及首席执行官们已习惯于受到关注，因此这种常识性的措施往往被忽视，从而对这种战略造成很大的损害。

第 10 项测试：

你是否将自己的战略转化成了行动计划？

在实施任何新战略时，对于自己企业的业务模式、组织结构和各种能力，必须明确地界定你“从哪里来”（现状）、“到哪里去”（目标）。要对推进战略所需要的各项变革措施拟定一份详细的意见，并确保有高管专人负责的流程和机构安排到位，以实现这些变革。简言之，这是一项行动计划。每个人都必须清楚应该怎样做。应确保每一项重要的“从……到……的变革”都与推动其实现的能力相匹配。此外，由于所有这些变革往往都表现为一次重大的组织转型，因此要确保你和你的高管团队充分利用为变革管理提供可靠建议的主要研究成果和经验。

最后，不要忘记，确保你目前的资源分配流程与你的战略保持一致。如果你想知道它实际情况如何，看一看最优秀的人才和最慷慨的预算都流向何处——并且准备彻底变革这些流程。为使预算与战略保持一致而付出的努力将会获得多倍的回报。

当我们与许多全球最大企业的数百位高管讨论了这些测试项目后，我们反复听到，对这些问题的讨论——正如一位在日本的高管最近告诉我们的——往往是“随意的、同步的，也是极其混乱的”。我们希望，事实将会证明，这些测试项目是一种简单而有效的矫正方法：一种能快速识别高管的战略思维存在哪些差距的手段，能启发他们的思维，使其以新的方式利用战略来创造价值，并提高战略制定流程本身的质量。Q

Chris Bradley 是麦肯锡悉尼分公司董事，贺睦廷是台北分公司资深董事，Sven Smit 是阿姆斯特丹分公司资深董事。

作者谨向麦肯锡前职员、现任 BBC Worldwide 公司战略负责人 Nick Percy 对支持本文的思想做出的许多贡献致谢。

欢迎对本文发表评论。
请将评论发送至 EQChina_Comments@mckinsey.com。

请访问《麦肯锡季刊》中文网（china.mckinseyquarterly.com），阅读全文及关于这十大战略测试的相关思考，以及详细的调查结果。

四位高管谈战略测试的不同做法

默克前首席执行官 Raymond Gilmartin 和其他三位资深企业领导人与大家分享了他们检测战略的方法。

Raymond Gilmartin
曾任默克（Merck）制药公司首席执行官

David Speiser
SAIC 公司负责战略的高级副总裁

Gail Lumsden
SABMiller 公司战略和规划小组负责人

Jeffrey Elton
KEW 集团首席执行官兼副董事长

所有战略专家都在努力解答一个问题：如何创造并保持竞争优势。但是，由于公司的战略历程、所处行业和组织特点存在着差异，因此，每个人的观点也不尽相同。我们与四位现任或前任高级战略专家进行了对话，他们企业所处的环境和市场所面临的战略挑战各有不同，颇具启发。

Raymond Gilmartin

哈佛商学院教授，他还担任 General Mills 公司和微软公司的董事，曾于 1994 ~ 2005 年，担任默克制药公司的首席执行官。

是否有悖于战略方面的客观规律?

从 20 世纪 60 年代末，我就一直对战略很感兴趣，包括概念层面和自身实践。当时，我在哈佛商学院学习，时值业界正从探讨长期规划向考虑战略转变。那时涌现了很多核心的概念性战略框架。

从职业生涯的早期开始，我一直都在接触这些战略框架，而且相信在制定战略时存在某些应当遵循的原则。我发现一个很有用的测试，就是找出违反这些原则的种种情况。例如，如果你拥有 5% 的市场份额，而同行业中的另一家公司拥有 40%，那么，您希望在相对较短的时间内大幅提高市场份额的想法就完全不切合实际。同样不切合实际的是，如果你要推出的产品没有什么特色，而仅仅因为市场的规模很大，你就认为这种产品能够赢得市场份额。

我使用的例子非常简单，但人们确实在犯这类错误。如果您发现这样的事就要发生了，您应当作出反应，比如说，建议不要推出这种产品。

数据是否与我的战略相符？

在公司里常能见到这样的现象：人们纷纷发表各种精彩的战略演讲，管理层对每件事情都签字放行，当需要制定盈利计划时，一切就完全转换到了另一种模式。这是一个关键的时刻，决定着您的资源分配是否与您宣称的战略一致。我敢打赌，最严重的脱节现象通常就发生在这个时候。

因此，我会研究数据与我们反映的战略情况以及数据与战略是否相符，从这一视角来审查计划和支出申请。当我们打算加快创新速度时，要做的一项测试是：掌握研发开支水平的变化动向。而当我们希望增加自己的市场份额时，关键的测试则是：推广产品的费用开支状况如何，以及与新产品相关的资本项目支出比例发生了哪些变化。

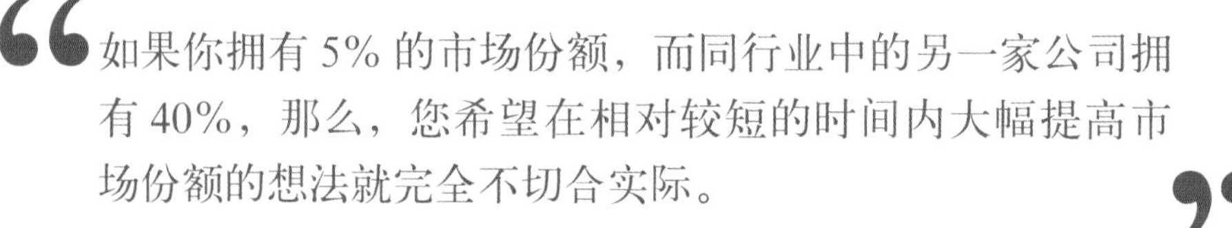

“如果你拥有 5% 的市场份额，而同行业中的另一家公司拥有 40%，那么，您希望在相对较短的时间内大幅提高市场份额的想法就完全不切合实际。”

David Speiser

Science Applications International Corporation(以下简称“SAIC”)公司负责战略的高级副总裁。SAIC 是一家从事科研、工程和技术应用的公司，总部设在美国。David 曾担任过麦肯锡洛杉矶分公司董事。

会创造价值吗？

我们这个行业吸引了大量的工程师以及曾在政府和军队任职的专业人士。因此，最基本的测试是，考查特定因素是否有助于为股东创造财务价值是十分有用的，因为很多人并不会将大量精力放在财务方面。

是否现实？是否重要？

我最重要的测试是，探索一项提议是否现实。有些人会为在规模很小的市场上开展业务兴奋不已。我们现在是一家 110 亿美元的公司，在管理资源有限的情况下，我们面临的难题在于教育员工认识到哪些事情对我们十分重要，这与 15 年前的情况有很大差别，因为当时我们只是一家 20 亿美元的公司。

是否实现了差异化？

这可能是最难通过的一项测试，因为在一家适用技能非常广泛的企业，您的一大难题就是人们希望广泛地运用这些技能。如果您想让自己的技能在范围更广的市场上找到用武之地，就必须认真而谨慎地考虑目前的竞争对手已经提供了什么，而您要做哪些区别于竞争对手的事情。这可能难度很大，尤其是将其与实质性的测试相结合时。有这样一种可能：您对某个领域有着浓厚的兴趣和深入的了解，而且该领域也比您正在做的事更重要，但您却在这个领域无所作为。而如果您脱离自己擅长的领域，实现差异化的难度就更高了。

是否只是“纸上谈兵的工程设计”？

对于新战略，一项重要的测试是，确保分析结果和它们背后的能力都是真实的，而并不只是“纸上谈兵的工程设计”的产物。我们习惯性地假设，人们总是能够说到做到。因为他们每天都在核心市场上表现出这种能力，并不需要什么证据。但如果是制定一项新的增长战略以渗透到一个新市场，就必须退一步，提出一些不易回答的问题，因为证据并不是每天都展现在眼前。在我看来，归根结底，战略专家最重要的工作之一就是寻找证据来证明自己的企业不但与市场紧密相连，而且一直以来都与潜在客户进行交流，并且像自己所宣称的那样具有洞察力。

> “对于新战略，一项重要的测试是，确保分析结果和它们背后的能力都是真实的，而并不只是“纸上谈兵的工程设计”的产物。”

Gail Lumsden

世界一流酿酒企业SABMiller公司的战略和规划小组负责人。

我们的战略旅程走到了哪一步？

人很容易变得目光狭猛、骄傲自满，尤其是当自己处在一个成功企业中的时候：人们往往会将过去延伸到未来，假定自己会一如既往地成功下去。难题在于观察并认真对待相反的迹象，将它们作为深化战略的催化剂。成功是一个旅程，而不是一个终点，这意味着，要将战略作为一项事业，弄清自己走到了哪一步。

例如，我们在过去十年中的股东总体回报（以下简称“TRS”）远远超过了同类企业，这表明我们有一个与众不同的战略：我们在有着强劲增长的新兴市场上收购价值被低估或表现不佳的地方酿酒企业，同时还采用了一种基于卓越运营和绩效管理、有着鲜明特色的业务模式，并且在这两方面都居于领先地位。但是，在这其中的某些市场上，人均消费量的增长现在已经趋于平稳，如果看看最近的历史记录，您会发现，我们在 TRS 方面的领先优势一直在减弱。因此，我们面临的一大挑战是，如何界定和重新定义我们的竞争市场。

我们是否合理地平衡了增长与风险？

我们始终都会考虑实现盈利性增长的机会，但我们还需要考虑风险。我们是否守住了自己的固有阵地？我们是否充分考虑了竞争对手会对我们的行动作出何种反应？在我们拥有稳固的领先优势的市场，我们是否充分考虑过如何随着市场的逐渐成熟创造价值，而不仅仅是获取价值？

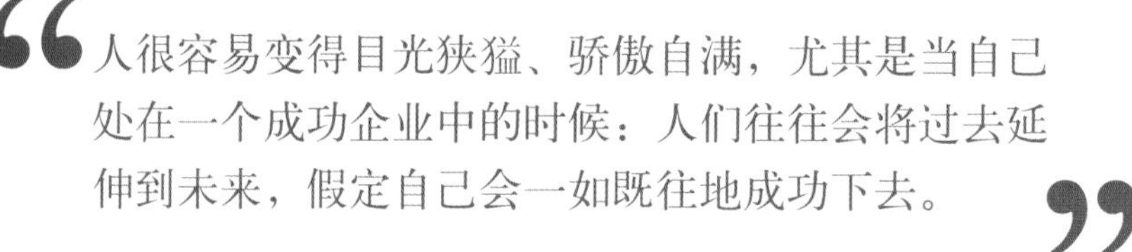

Jeffrey Elton

KEW 集团的首席执行官兼副董事长，KEW 集团是在他的帮助下建立的一个肿瘤疾病个性化护理网络。他曾是诺华 (Novartis) 生物医学研究所的战略高级副总裁兼全球首席运营官，此前还担任过麦肯锡波士顿分公司董事。

实际情况如何？

制药和提供医疗服务都是周期很长的业务，其战略所关注的是如何优化资源的重新分配，简言之，就是哪些投资能够提高未来的收益。首要的工作是弄清事实：即使是以科学为动力的行业，也存在着大量的流言和传说。令人惊奇的是，这种不以事实为基础的现象极为严重。通常，我们首先要花时间来处理的问题是哪些措施能够真正发挥作用，哪些无所作为，并且了解究竟何谓“发挥作用”。

问题是否可以解决？我们是否在乎？

有时，您对某个方面有深入的了解，但这一点洞见对于解决问题而言，只是所需知识的很小一部分。您需要根据目前了解的情况判断，这个问题是否能够解决。就算能解决，我们是否在乎？我们通常会尽力去处理那些我们认为远未能满足医疗需求的事情。如果我们所应对的是会带来高成本负担的

> “有时，您对某个方面有深入的了解，但这一点洞见对于解决问题而言，只是所需知识的很小一部分。”

疾病，这种方法要有助于确保带来一系列正面的经济效益，即使我们无法预测与此相关的医疗费用报销所涉及的不同方面，也是如此。

谁能解决此问题？

我们假定，无论要解决哪个问题，我们都不可能拥有所需的所有人才和能力，那么，为了有把握出色地解决该问题，我们应当试着与哪些机构合作？或者更具体地说，与哪些企业合作？当然，我们还需要提出另一个问题：在这家公司内部，我们需要哪些东西才能与这个外部网络成功合作。如果手中没有那些能够透彻地了解某一类问题的人才，我们甚至连尽职调查都做不好，也不能获得第一流的人才或合作伙伴。因此，这个问题可能有助于推动我们的收购战略、人才或招聘战略。

为什么我们有可能失败？

通常，项目或新治疗方法会因为一两种原因而失败。通过试点工作，我们或许能确认自己会在某个领域中有所作为，因此值得进入这个领域。如果是进行关键的实验以重点研究可能的失败原因，实际上能够比试点节省更多的时间。

我们如何塑造市场？

在任何一个注重创新的领域，人们都会投入大量精力来“塑造”将要进入的市场与环境。为了使这个市场有进入的价值，人们需要这样做。弄清您有能力塑造哪些方面和施加多大影响力，这具有不可估量的价值。Q

欢迎对本文发表评论。
请将评论发送至 EQChina_Comments@mckinsey.com。

2011议程构想

提高供应链灵活性

如果你有一条全球供应链，你就会面临一个新的麻烦：不断增加的复杂性和不确定性可能使得您今天做出的制造和供应地点决策明天就会失去经济意义。你如何才能针对意外情况做好准备？将庞大的供应链重新配置为更灵活、更能打破复杂性的“链条”，把形成的网络变成对付不确定性的杀手锏。不要忘记组织结构：只有打破组织中的壁垒和“孤岛”，促进协作，您才能确保公司在新的环境中游刃有余。

Josh Cochran

打造未来的供应链

实现这一目标就意味着，要摒弃现在的整体供应链模式，支持对供应链进行分解，以减少复杂性，并利用生产网络对冲不确定性。

Yogesh Malik

Alex Niemeyer

Brian Ruwadi

许多全球供应链还没有准备好应对未来的新世界。大部分供应链的设计思路——有一些相当出色——都是通过利用中国和其他低成本国家提供的劳动力成本套利机会，来管理稳定的大批量生产。但是，在未来，生产地点的相对吸引力变化很快——加之以低廉成本进行大批量生产的能力发生变化——这种标准的供应链方式可能会使企业暴露于危险之中。

在日益高涨的全球不确定性和业务复杂性的驱使下，这种未来情境将比许多企业的预期提前到来。某些挑战（例如，动荡混乱的贸易格局和资本流动）体现了供应链的一些长期痼疾，而最近这次经济衰退使这些问题雪上加霜。但是，其他一些变化（如发展中国家不断增加的财富，来自新兴市场的可靠供应商不断涌现）也将对未来几十年的供应链产生影响。对于制造业和供应链战略的未来架构而言，企业的关键决策将要冒更大风险，作为一些无法控制的力量的作用结果，这些决策将变得无法盈利。

在这种背景下，少数勇于开拓的供应链组织正在两个方面厉兵秣马。首先，它们正在将自己传统的供应链“分解”成更小、更灵敏、更适合管理更高水平复杂性的子供应链。其次，它们正通过重构自己的制造足迹，将自己的供应链作为对冲不确定性的防御手段，使其能经受各种可能后果的考验。考察这些组织的领导人现在如何未雨绸缪，可以为那些希望在未来几年能从自己的供应链中获益更多的其他企业提供洞见。

双重挑战

这种利害关系非常之大。“在我们这个行业，”建筑设备制造商卡特彼勒公司前任董事长兼首席执行官 Jim Owens 说，“随着时间的推移，在管理供应链上做得最好的竞争者可能会成为最成功的竞争者。这是获得成功的一个条件。”[①]但是，许多全球性企业传统的供应链并没有为新环境中不断增大的不确定性和复杂性做好准备。

一个更不确定的世界

在麦肯锡最近的一次调查中，有68%的全球企业受访高管表示，在未来五年中，供应链风险将会进一步增大[②]。而且，毫无疑问的是：2008年的金融危机大大增强了供应链不确定性的持久来源——尤其是贸易轨迹和资本流动，以及货币估值——正如这次危机引发了对金融体系的稳定性，以及由此引起的经济衰退的深度和持久性的更广泛担忧。尽管这些不确定性的来源有很多始终存在，但重要的是，必须认识到，在更强劲的经济增长复苏后，全球经济新的长期性转变将继续对供应链长期施加压力。

在这些不确定因素中，新兴市场日益增大的重要性名列榜首。在未来10年中，新兴市场的经济增长将使全球能源消耗增加大约1/3。与此同时，中国和其他发展中国家对诸如铁矿石和农产品等资源的巨大需求，正在推动全球价格上涨，并使供应链资产的配置更加棘手。对环境问题的担忧有增无减，在环境监管范围和方向上的不确定性也在不断增大。

这些长期趋势的连锁反应进一步增强了不确定性的其他来源。例如，发展中国家的经济增长加剧了全球货币市场的波动，并强化了发达国家贸易保护主义者的观点。此外，不同新兴市场的不同增长率意味着，不断上升的劳动力成本可以迅速改变不同生产地点的相对吸引力。最后，随着发展中市场的企业日益成为可靠的供应商，决定从哪个低成本市场采购变得愈加困难。

不断增大的复杂性

制造业和供应链的规划者还必须应对不断增大的复杂性。对于许多企业来说，这种要求意味着更加努力地工作，以满足自己的客户日趋多样化的需求。例如，移动电话制造商2009年推出的手机品种比2000年增加了900多种。产品种类的迅速增多也影响到一些成熟的产品门类：例如，2004～2006年，烘焙食品、饮料、谷类食物和糖果每年增加的品种都超过了25%，而且，2009年，北美一些大型食品杂货商的最小存货单位数量超过了10万种。

---

① Jim Owens是在2010年9月20日接受Hans-Werner Kaas的专访时说这番话的。如欲了解关于Jim Owens的更多信息，请参阅“麦肯锡对话全球企业领袖——卡特彼勒公司Jim Owens”，《麦肯锡季刊》中文网（china.mckinseyquarterly.com），2010年12月。

② 如欲了解更多信息，请参阅“麦肯锡全球调查：供应链将面临的挑战”，《麦肯锡季刊》中文网（china.mckinseyquarterly.com），2010年12月。

另一种不确定性：贸易保护主义大笔一挥，可能就会改变一种供应链的经济状况。例如，不同的关税征收方案可使在一个特定的低成本国家装配的机械产品（如洗衣机）的到岸总成本会貌似有理地上下波动达20%。

与此同时，全球化也带来了各种复杂性，随着发展中国家的收入不断提高，它们非常希望作为市场，而不仅仅是制造中心。在新兴市场有效地进行分销需要具有创造性，因为其零售业态通常五花八门，从现代化的大型超市到小型“夫妻店”都有。例如，雀巢公司正在巴西试验利用设在驳船上的超市，沿着亚马孙河的两条支流，将产品直接销售给低收入消费者[3]。

迎接挑战

在这个世界上，企业可以一劳永逸地优化其供应链——并且适用于所有环境和客户——的想法只是一种幻想。认识到了这一点，一些具有远见的企业正在两个方面未雨绸缪。

首先，它们正将自己传统的整体式供应链分解为更小、更灵活的子供应链。虽然这些新的供应链可能仍然依赖于与以前相同的资产和网络资源，但它们以截然不同的方式利用信息——帮助企业应对复杂性，同时更好地为客户服务。

其次，一些领先企业通过以一种前瞻五年或十年后经济环境的眼光，主动、定期地检查——甚至重构——自己更广泛的供应网络，将其供应链作为对冲不确定性的防御手段。这些企业以这种方式，对供应链资产进行多样化的、更具恢复力的优化组合，使其能在一个更不确定的世界中，更好地适应企业健康发展的要求。

从单一供应链到多个供应链

将单一的整体供应链分解为更小、更灵敏的多个供应链，可以帮助控制复杂性、节省资金，以及更好地为客户服务。下面让我们来看一个案例。

案例研究：分解供应链

一家总部设在美国的耐用消费品制造商在竞争对手面前正节节败退，因

③ Tom Muiler 和 Iuri Dantas 撰写的“NestlÈ to sail Amazon Rivers to reach emerging-market consumers”，《彭博资讯》，2010 年 6 月 17 日。

为其传统的供应链存在诸多问题。几年前，为了更贴近自己的大部分客户，该公司——像许多全球制造商一样——已将其大部分生产工厂迁往中国，而只在北美保留了很小一部分生产能力。这种迁移的一种传统做法是：它的所有工厂都依赖于统一的生产计划流程，基本上都生产其全部系列的数千种产品及许多零部件。

然而，现在有越来越多的客户需求呈现出波动模式，加上产品品种不断增多——每年新增数百个新的最小存货单位，使该公司的供应链不堪重负，已经到了与预测和服务相关的各种问题不断，使主要客户很不满意的地步。

作为回应，该公司沿两个维度对自己的产品和零部件组合进行了调查：一是它出售的每种最小存货单位的需求波动；二是每星期产生的最小存货单位总量。在获得了根据调查结果绘制的矩阵图（图表 1）后，该公司开始重新反思其供应链的结构。

图表 1

按照需求的波动性和总的生产批量对产品进行分组，可以清楚地显示出应如何优化供应链。

按制成品最小存货单位统计的生产批量和需求波动性（一家总部设在美国的耐用消费品公司案例）

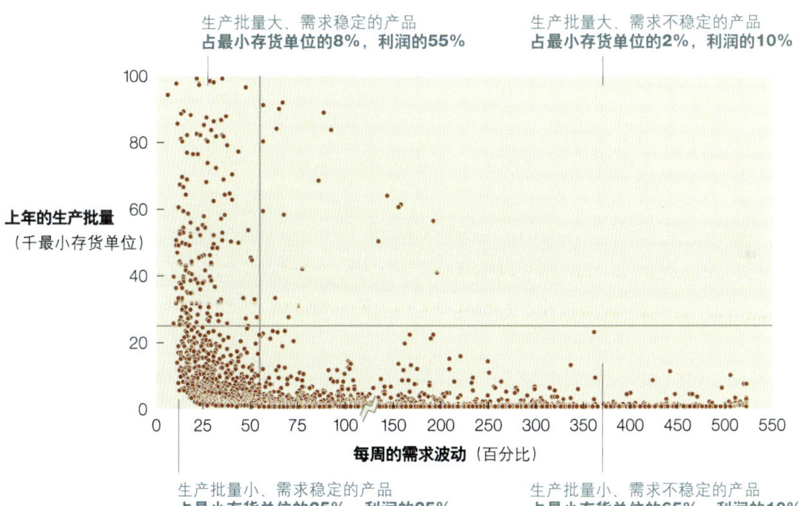

最终，该公司决定，将其“一刀切”式的供应链分解为 4 个截然不同的子供应链。对于需求相对稳定的大批量产品（最小存货单位数不到 10%，但占到收入的大部分），该公司继续保持在中国采购和生产。与此同时，开始由在北美的工厂负责生产该公司最小存货单位中的其他产品，包括需求不稳定的大批量和小批量产品（分配给美国供应链），以及批量小，需求波动性也小的产品（分别分解到美国和墨西哥供应链）。在一个成本较高的国家（如美国）增加生产——即使是小批量产品的生产——仍然具有经济效益，因为该公司可以将它们更快推向市场，从而最大限度地减少销售损失，并减少许多小批量最小存货单位的库存。此外，这些产品往往需要更专业化的生产工艺（技能水平较高的美国工人在这种生产中表现更为出色），从而使该公司有机会在一个竞争激烈的市场中鹤立鸡群。

然而，该公司并不仅仅是重新分配了生产资源。它随后又对自己的信息和规划流程进行了重大变革。对于产品组合中需求最不稳定的最小存货单位（如今在美国生产的那些产品），该公司不再试图预测客户需求，而是选择直接按客户订单生产。同时，这些美国工厂的管理人员创建了一种大幅简化了的预测流程，来预测其余的产品——即那些生产批量小，但需求较为稳定的产品——的需求。

对于海外运营，该公司继续依据长期需求预测结果，在其中国工厂中生产成品，正如他们以前所做的那样。不过，现在的预测工作做得更好，因为规划人员不再试图在他们的预测模型中解释因需求大幅波动而产生的“噪声”。

总之，这些变革帮助该公司减少了其采购和生产的复杂性，并使其售出产品的成本降低了大约15%。同时，该公司还提高了服务水平，将交货时间从平均10天缩短到3天。整个公司所有系列产品的质量也都有所提高。

分解为多少个供应链？

对于探索多供应链的企业组织来说，第一个问题是：需要有多少个供应链。要回答这个问题，就必须仔细考察一家企业用于制造和分销其产品的供应链资产与对这些产品及其客户的战略愿景的匹配方式。

这个要求似乎显而易见，但实际上，大多数企业都只是用一种老练的方式，研究了这一方程式的后一半：例如，它们可以轻车熟路地确定，在成本、服务、创新，或（最有可能）对这些要素的某种综合考量上，自己将哪些产品作为主打产品，但很少有企业认真研究这些选择中隐含的运营取舍，更不用说基于这些取舍对供应网络进行决策。

通常情况下，一个不错的出发点是，根据某一特定产品线产量的历史数据，分析客户对其需求的波动性，并对照不同生产地点总的到岸成本，对这些结果进行比较。这些信息提供了对速度与成本权衡取舍的粗略认识，甚至可以提示分解后的子供应链最终可能所在的地点。例如，一家全球性包装消费品制造商很快就发现，与一种关键产品线（大约占到该公司产品组合的40%）有关的客户需求，有2/3都可以从一个成本较高的国家转移到另一个成本较低的国家，而且并不会降低客户服务水平。

当然，企业必须对照客户需求，仔细核实这些粗线条的分析。例如，这家消费品制造企业发现，对于它的某些产品来说，包装创新是一个“分水岭”，因此，它在成本较低的新地点设置了一条生产线，为几个市场快速生产包装。与此形成对照的是，在汽车和其他基于组装的行业中，我们发现，客户的反应和单个产品的复杂性是很重要的参考因素，可以帮助确定可能会在何处分解供应链。

间接的好处

虽然将一个供应链分解为多个子供应链可能看似复杂，但事实上，这种方法使企业能减少复杂性，以及更好地管理它，因为运营资产可以被重点配置到它们最有能力处理的任务上。同时，分解方法提供了对供应链构成环节的更多可见性，可以帮助高管人员更有效地运用传统的绩效改进工具，以前，由于这些工具过于庞大，以至于很难掌握和应用。

例如，该耐用消费品制造商将其供应链分解为较小的子供应链后，它就能够运用以前难以实行的延迟方法（生产时间更接近要求交货的时间，以降低持有成本）。现在，该公司的美国工厂把各种不同的最小存货单位组合为半成品部件，使其可以很快被组装成产品，以满足客户订单（图表2）。事实上，此举降低了库存成本，部分抵消了美国工厂较高的劳动力成本。

图表2

企业对供应链的运转具有更好的可见性，可以通过提高效率获得更大收益。

案例：一家耐用消费品制造商通过将生产转移到更贴近客户需求的地点，降低了库存成本

转移前

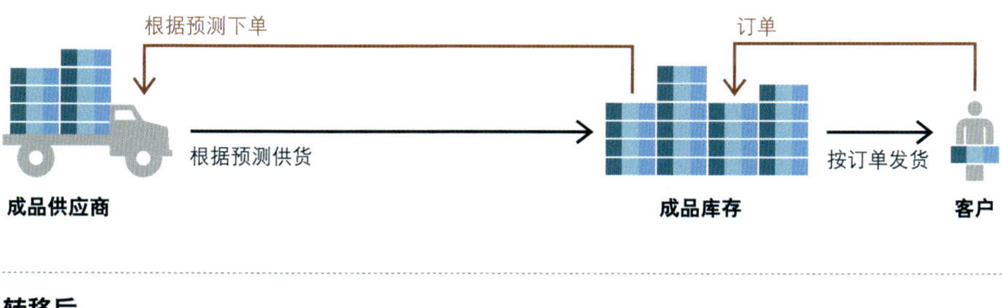

转移后

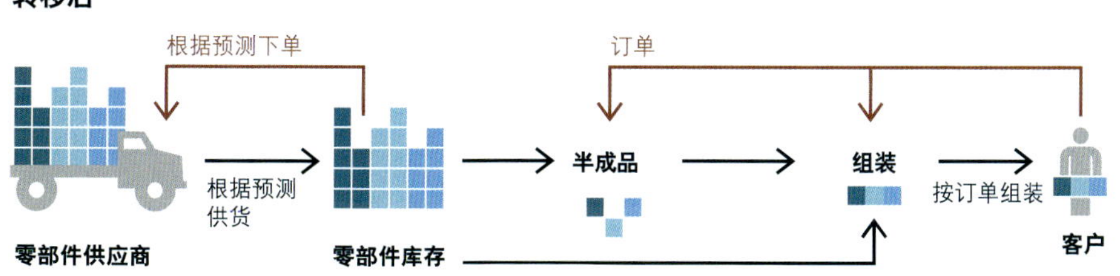

同样，那家全球包装消费品制造商也发现，在将自己的供应链分解后，它在其工厂中运用精益管理技术更为成功。其中的好处包括：在成本较高的生产基地，生产技术或设备的转换速度更快，使他们能更有效地处理与产品相关的复杂性。

利用全球网络作为对冲手段

如果企业动态地考察多供应链，着眼于整个供应链在各种不同情况下的恢复力，就会发现，它提供的各种优势极具价值。例如，如果中国的货币升值 20%，石油价格涨到每桶 90 美元，航运能力过剩 25%，某一特定全球供应链网络的不同分解方式将仍然可行吗？至关重要的是，企业组织要确定，在许多像这样的问题中，哪些是正确的问题，并投入精力去理解这些问题背后反映出的全球趋势。一些企业已经开始以这种方式思考问题。例如，长期以来，耐克公司一直是一家在新兴市场生产的领军企业，2010 年，该公司在越南生产的鞋首次超过了在中国的产量④。

事实上，我们认为，供应链经受各种不同情境考验的能力可能会影响盈利状况，甚至在不久的将来，会影响组织的生存能力。有鉴于此，为了在不同情境下最大限度地减小到岸总成本的风险，企业应该设计自己的生产与供应商网络组合。其目标应该是，确定一种具有恢复力的生产和采购足迹——即使目前它并不一定成本最低。这种方法要求不仅是运营负责人，而且还包括首席执行官和所有首席级高管，都要从根本上转变观念。

例如，在那家耐用消费品制造企业，高管人员担心，如果环境迅速发生变化，它对以中国为中心的依赖就可能成为一种不利条件。因此，该公司的高管团队要评估其成本结构，以及在未来 5 ~ 10 年中，在全球工资水平和货币汇率的不同条件下，成本结构可能会如何变化。他们还考虑了该公司可能会受到各种因素——如大宗商品价格和物流成本的波动——怎样的影响。

该公司确定，尽管在短期内，中国仍然是最具吸引力的候选生产地点，但与工资上涨和货币汇率变动有关的风险却真实存在，在几种似乎可信的情境模式下，足以使墨西哥成为更合适的替代选择。因此，该公司已开始不事声张地在墨西哥建立自己的供应商基地，

欲了解更多关于如何在人口统计、技术和宏观经济等其他全球趋势面前把握环境变化的更多信息，请访问《麦肯锡季刊》中文网(china.mckinseyquarterly.com)，阅读“运用全球趋势考察中国汽车产业”。

④ 财政年度。

尽管在短期内，中国仍然是最具吸引力的候选生产地点，但在几种似乎可信的情境模式下，墨西哥却是更合适的选择。

期望增大其生产能力，从而使其可以根据条件要求，在中国与墨西哥之间快速调整生产。

同样，那家全球性包装消费品制造商正在研究，哪些地方具有可替代低成本国家的潜在能力，可能会帮助它对冲在各种不同的劳动力成本、关税、税收和汇率情境下的风险。该公司还考虑了导致供应意外中断的一些因素，包括火灾、地震和与劳工有关的纠纷。

一家北美工业产品制造商选择扩大其在巴西和墨西哥的制造足迹，以对冲外汇汇率的波动。该公司特别在制造一些创新性高端零部件的备用产能上进行了投资，由于需要先进的机械加工和设计技术，这些零部件以前只能在欧洲和美国生产。通过这种投资，该公司就可以在其整个全球网络中快速转移这些零部件的生产，来适应经济环境的变化，从而帮助它对冲货币汇率的波动。此外，这种安排也有助于它更好地支持其供应合作伙伴为重要的增长市场提供服务。

• • •

当然，要实施此类行动并非易事，因为对一家企业供应链的任何改变都会对整个组织产生深远的影响。这种变革需要更多跨业务单元的协作和信息共享。组织上的挑战是如此重大，因此，需要首席执行官和所有其他首席级高管都亲自参与、共同努力（参阅本期第 56 页“您的高管团队是否正在损害自己的供应链？”）。尽管如此困难，但获得的回报物有所值。Q

Yogesh Malik 和 Brian Ruwadi 是麦肯锡克利夫兰分公司董事；Alex Niemeyer 是迈阿密分公司资深董事。

作者谨向对本文做出宝贵贡献的 Sebastien Katch 致谢。

欢迎对本文发表评论。
请将评论发送至 EQChina_Comments@mckinsey.com。

你的高管团队是否正在损害自己的供应链?

在高管之间搭建桥梁是打造未来全球供应链的关键一环。

Christoph Glatzel

Jochen Groβpietsch

Ildefonso Silva

打造能够在复杂性和不确定性日益提高的世界中兴旺发达的全球供应链，不仅需要重新配置运营资产，并就生产与供应相关的风险做出长期的战略选择，而且还要面对重大的组织挑战，因为企业供应链团队的决策和活动会影响到销售团队、营销人员、产品开发人员以及其他群体。

最终会出现许多棘手的权衡取舍。供应链、销售与市场经理们总是从自身职责的角度来看待此类权衡取舍——然而这一视角通常会造成分歧或误解。事实上，最近的麦肯锡全球高管调查发现，职能团队无法认识到，他们彼此间的影响会成为通过协作来解决重大供应链权衡取舍问题的最常见障碍。

协作效果不佳一直以来就是供应链的“痛处”，然而，低效协作的成本却不可避免地大幅上升。如果说现在很难就如何正确应对一条供应链的中断达成一致意见的话，那么，企业在应对多条相互联系的供应链时则会更加的困难，其中每一条供应链都可能需要一种不同的解决方案。试想在如下情形中，高管必须加以平衡的短期与长期的供应链权衡取舍：其中某个业务部门可能被要求将其生产线转移至目前某个成本更高的近岸地点以便打造产能，以规避未来可能会出现的劳动力或运输成本的蹿升。

建立一个能解决这些问题以及其他供应链难题的机制将需要 CEO 及企业其他负责人的切实关注。这一过程首先要求高管们共同确定更好的信息共享机制与团队协作将会在哪些环节上产生最大影响。让我们来考察一下我们日常观察到的协作方面的 3 对最大矛盾，看看企业如何弥合这些组织分歧，以便打造更加灵活、能力更强的供应链。

矛盾 1：供应链与销售

供应链部门针对多变的需求发起了一场持续的战斗，这一做法有着充分的理由。例如，出乎意料的订单剧增会导致劳动力与配送成本的大幅上扬。同样地，不准确的销售预测会导致库存短缺、销售损失或者必须进行打折销售的过量库存。因此，销售团队与供应链团队会投入巨大的精力创建极其复杂的预测和规划流程，竭力预测需求的波动性——并在出差错时相互指责。

如果这些团队进行更加密切的协作，那么，他们就可以超越传统的规划周期中相互指责的游戏，发现需求波动的根本原因，并最终开始对其施加影响。这一方法通常会很快带来巨大的商业利益。关键是，从长期来看，这些团队在加强其协作过程中获取的经验可以提高快速协调应对意外事件的能力。鉴于供应链环境中的不确定性日益增大，这一技能必不可少。

例如，一家汽车供应商的销售团队通常会争相完成季度目标，这样可以保证他们获得更多的绩效奖金。客户认识到企业的这种行为，并有时会利用这种行为，有意推迟下订单，等到季度末以便得到更多的折扣，结果，这制造了供应链难题并损害了企业的利润。销售副总裁和供应链负责人通过协作解决了这一问题，并使得需求变得更加可预测。一项关键的措施是大幅削减了季度末折扣，而采用基于销量、产品忠诚度及促销参与度的价格与折扣结构。该公司还制定了新的激励措施，鼓励销售团队实现更加均匀的销售。

另一个例子涉及一家全球性包装消费品制造商。这家企业发现，区区 5 家客户的促销活动基本上驱动着其需求波动。尽管该企业仔细规划了促销活动，以便实现收入最大化，但市场营销人员并没有考虑这对供应链造成的影响。通过在几个月时间里错开促销活动，并仔细进行调整使其与基准需求模式保持一致，该企业将总的需求波动程度降低了 25%。

当这家企业推出新促销计划时，经理们发现了另一个问题：许多客户缺乏高效管理其订单水平的资源，因此，偶尔会下过大的订单。为此，该企业将其销售人员与供应链人员集合在一起，与这些客户合作，为他们制定更好的订购流程。这样一来，企业便理顺了订单流程——这一举措使双方都从中受益。

诸如此类的问题在许多供应链中都很普遍。长期来看，在复杂性和不确定性日益增大的未来供应链中，这种协作能力将会起到至关重要的作用。

矛盾 2：供应链与服务

另外一种重要的紧张关系长期存在，随着企业试图构建更具弹性的全球供应链，并涉及到设定客户服务水平，供应链与服务的矛盾将变得更加尖锐。

应该以多快的速度交货？有些客户是否应该比其他客户更加快速地收到订单？应该保证何种水平的供货能力？根据我们的经验，企业一般会安排销售职能部门做这些决定，后者做出的决定通常与服务相关，但他们并不了解这些决定对运营方面的影响或对相关成本的影响。

当这些团队共同分析了某项服务决定的全部影响后，他们会避开这一陷阱——某家化工企业的销售人员催促其物流团队将交货时间由 3 天缩短为两天，结果得到了教训。该企业虽然实现了缩短交货时间的目标，但与原来的方式相比，他们不得不动用更大的仓库空间和更多的人力，并且其运货卡车的装载效率更低。所有这一切使得配送成本提高了 5%。

尽管这种取舍在适当情景下是可以接受的，但供应链团队与销售团队的负责人经过更加密切的考察后发现，大多数客户并不在意交货时间为两天、3 天或者甚至是 5 天。服务能否得到高度评价的真正分界点是 24 小时。通过将正常订单的交货时间改回至原来的 3 天，该企业使其配送成本降低至原来的水平。与此同时，该企业针对时间紧迫的交付推出了一项特殊的 24 小时快递服务，并会为此收取一定的额外费用。这项举措使得企业的成本略有增长，但所产生的新业务足以抵消成本的增长。

随着供应链分化并且企业为规避不确定性而采用多样化生产，就服务水平与速度做出明智的权衡取舍必然会变得更加重要。企业要想在未来继续发展，就必须加强与供应链、销售和服务负责人之间的伙伴关系。

矛盾 3：供应链与产品扩散

企业首席级管理层加强协作所带来的另一项重要的益处，是纠正导致供应链复杂性日益增长的部分根本原因。我们来看看与产品组合相关的复杂性。销售与市场部门努力生产新产品，发掘新市场，并对新出现的客户作出响应。在这一过程中，产品及其变种往往会扩散增生，创造出具有利基产品长尾效应的组合。例如，一家消费品制造商最近发现，在其产品组合的 6400 个库存单位中，近 1/3 的产品组合加在一起却仅占企业总收入的 1%。

这一复杂性是有代价的，由于规模经济效益，小批量产品的单位生产成本要高于大批量产品的单位生产成本。小批量产品还要求在销售与管理过程付出不成比例的努力。最终，它们增大了供应链成本：与有限系列的大批量产品相比，企业必须保持更高的库存水平以便达到众多小批量产品的约定服务水平。如果将所有这一切额外成本都考虑在内，那么，影响是非常惊人的。

因此，企业可能想去砍掉其产品组合的长尾。然而，单独基于销售数字而盲目削减通常是弊大于利。某些小批量产品取得了超过其成本的收益；只有通过跨职能部门的密切协作，企业才可以做出正确的决定。这种协作不会消除实施更认真的细分式供应链战略的必要性，但它应该会帮助确保这种努力具有较强的针对性。

综合考虑

对大多数企业而言，最高管理层是商讨我们总结出的职能性权衡取舍的恰当入手处。然而，许多高层管理团队却几乎不去重视供应链问题。在我们的调查中，只有不超过 26% 的受访者表示，其企业把统一各种职能看作是供应链决策制定过程的一部分。38% 的受访者表示，CEO 没有参与供应链战略的推动，或者参与有限。

这是一个错误。为其领导团队设定工作重点，鼓励和促成对重要的跨职能供应链问题进行有意义的讨论，CEO 义不容辞。在我们见到过的给人留下最深刻印象的某些供应链中，CEO 以传教士般的热情推动协作与绩效改进。CEO 在行动之前，最好先问自己 5 个问题：

1. 就目前和未来而言，企业生产能力的发展选址对吗？
2. 销售团队是否尽了全力，使需求趋于平稳、具有可预测性？
3. 客户是否得到了他们真正需要的服务？
4. 营销部门是否要求了太多的可能由于成本过高而无法提供的利基产品？
5. 采购和外包决策是否考虑了这些决策对供应链的影响？

• • •

糟糕的协作和“孤岛思维”长期阻碍了企业更好地利用其供应链。在复杂性和不确定性日益增大的未来，解决这一潜在问题将不仅会提高有价值的绩效，更会成为竞争的必然要求。Q

Christoph Glatzel 是麦肯锡科隆分公司董事，Jochen Großpietsch 是巴塞罗那分公司董事，Ildefonso Silva 是圣保罗分公司董事。

欢迎对本文发表评论。
请将评论发送至 EQChina_Comments@mckinsey.com。

2011议程构想

抑制知识工作的疯狂

如果像大多数高管一样，你要应对无休止的会议和电子邮件交织成的火力网，需要同时处理多项任务。该停止了：一心多用，任务冲突会降低您的创造力，分散您的注意力，让您无法完成需要做出艰难、重要决策的实际工作。请看看一些高管如何集中精力、如何重新设定不可能满足的需求。从 Tom Davenport 那里学习如何通过根据每一个具体角色量身打造技术，从而提高知识型员工的效率。针对信息困境进行重组，你就可以缓解组织的痛苦。

Scott Bakal

从信息超载中重获自由

永远在线、一心多用，同时处理多项任务的工作环境正在扼杀工作效率，抑制创造能力，并使我们很不快乐。

Derek Dean

Caroline Webb

尽管信息技术和通信革命使我们受益无穷，但它也有人所共知的负面影响：信息超载及其“近亲”——注意力分散。这些害处对首席执行官及其首席级高管同事们的危害尤其严重，因为高管人员迫切需要不被打断的时间，来综合分析许多不同来源的信息，仔细思考其对组织的影响，专心致志地进行判断，认真权衡取舍，并最终做出正确的决策。

几十年来，保留完整的时间进行缜密思考的重要性，以及要做到这一点的难度，一直是管理学著述的研究主题。只要看一看 Peter Drucker 发表于 1967 年的经典著作《卓有成效的管理者》(The Effective Executive)[①]就清楚了，书中强调指出，“为了实现最低限度的工作效率，企业高管最困难的任务就是需要获得相当多的时间。”Drucker 为时间支离破碎的管理者提供的解决方案——在你的工作日程中保留一些完整的时间，不接电话，每天一次或两次在短时间内集中回电话——听起来非常像时间和信息管理专家提出的建议[②]。

然而，这些建议实施起来却出奇地困难，而且总是越来越难。Drucker 在 1967 年描述的每种挑战如今都依然存在：每天没完没了地参加各种会议，为了与客户和分布广泛的组织机构保持联系而不断出差，代表公司参加应接不暇的各种晚宴和活动。在这些挑战中，如今又增加了源源不断的电子邮件，其他海量的各种信息，以及各种日益增多的技术手段——从无时不在的电话

---

① Peter Drucker 所著的《卓有成效的管理者》(The Effective Executive)，英国，牛津：Butterworth-Heinemann 出版社，1967 年，第 28 ~ 29 页。

② 例如，Julie Morgenstern 在其广受关注的著作“Never Check E-mail in the Morning: And Other Unexpected Strategies for Making Your Work Life Work”（炉边出版社，2005 年）中提出忠告：“控制那些会悄悄吞噬时间的事情”，比较 Drucker 的表述“为了提高效率，每个知识型员工，特别是每个高管，都需要能够自己处置相当完整的时间”。

到博客、推特以及各种社交网络——高管可以通过这些工具与自己的组织和客户保持联系，但却弄得自己精疲力竭。许多高管名副其实地拥有两个相互重叠的工作日：一个是在他们的日程表中正式计划好的工作日，另一个工作日则是在正式工作的“之前、之后和之间”，在这些时候，他们断断续续地抓住片刻闲暇，用自己的笔记本电脑或智能手机同时处理多项任务，徒劳地试图与涌向自己的信息流保持同步。

确实存在一些更好的解决方案，而且这些解决方案并非什么尖端科学③。我们撰写本文的目的，就是希望通过提醒高管人员以下三个简单的事实，来对他们及其组织提供帮助。

首先，同时处理多项任务是一种极其糟糕的应对方式。许多科学证据都相当令人信服地证明，同时处理多项任务会降低人们的工作效率和创造能力，并且更不容易做出正确的决策。如果我们希望成为高效的领导者，就必须停止这种做法。

其次，解决信息超载问题需要具有极大的自制力。有点像正在戒毒的瘾君子一样，高管人员每天必须通过应用一些永不过时而又十分有效的准则，努力保持自律，这些准则包括：找时间集中精力，过滤掉不重要的信息，时不时放下工作休息一下。当然，最理想的是既保留连通性的各种好处，又不让它过多地分散我们的注意力。

再其次，由于高管的行为方式决定了所在组织的基调，因此他们有责任树立一个更好的榜样。各种强大通信技术的广泛普及意味着，现在员工们同样面临他们领导人遇到的管理时间和注意力的许多挑战。现在，整个组织的生产率可能都会受到信息超载的影响，没有任何个人或团体可以孤立地解决这个问题。对于 21 世纪的企业高管来说，重建具有更健康的行为规范的企业文化是一种至关重要的新责任。

同时处理多项任务的危害性

我们往往会认为，通过在同一时间内做几件事，我们就可以更好地处理扑面而来的各种信息，并完成更多的工作。此外，同时处理多项任务——用一项任务打断另一项任务——有时可能很有趣。我们喜爱的高科技电子邮件设备的每一次振铃，都承载着潜在的回报希望。查看它，就可能接受一种来自更困难和更具挑战性任务的、我们乐于接受的注意力分散。它使我们感到，

③ 如欲了解对当今的信息挑战，以及一些可能的解决办法的另一种看法，请参阅 Paul Hemp 撰写的 “Death by information overload”，《哈佛商业评论》，2009 年 9 月，第 87 卷，第 9 期，第 82 ~ 89 页。

至少暂时感到，我们已经做了一些事情——哪怕只是删除自己电子邮箱收件箱中的邮件。遗憾的是，目前的研究表明，事实正好相反：同时处理多项任务肯定会降低工作效率。

它会降低我们的效率

这一问题的根源在于，我们的大脑最适合一次专心处理一项任务。当我们在多项任务——尤其是复杂的任务——之间不断切换时，我们的工作效率会变得惊人的低下：例如，在最近的一项研究中，与依次完成多项任务的参与者相比，那些同时并行完成同样任务的参与者需要多花30%的时间，并且其失误增加了一倍。造成工作延误的原因源于这样一个事实：我们的大脑无法成功地指挥我们同时完成两项活动④。当我们在不同任务之间切换时，我们的大脑也必须选择进行切换：关闭原来任务的认知规律，并开启新任务的认知规律。这样做需要花时间，会降低工作效率，对于那些长期同时处理多项任务的人尤其如此——与偶尔同时处理多项任务的人相比，他们似乎需要花更长时间在各项任务之间进行切换⑤。

实际上，我们大多数人可能都会承认，同时处理多项任务使我们能快速处理自己待办事项清单中一些比较简单的事项。但是，它却很少能帮助我们解决自己面对的最棘手问题。很多时候，它只是在变相拖延时间。

它会抑制创造力

有人可能会认为，不断接触新的信息至少使我们更具有创造性。在这个问题上，事实似乎也正好相反。哈佛商学院的 Teresa Amabile 和她的同事们评估了 9000 多人的日常工作方式，这些人所从事的项目都需要具有创造力和创新性。他们发现，当人们在一天中的大部分时间里都专注于一项活动，并且只有一位合作者时，其发挥创造性思维的可能性更高。与此相反，如果人们每天的工作高度分散——参加不同团体的许多活动、会议和讨论，他们的创造性思维能力就会明显下降⑥。

这些研究结果从直观感受上也讲得通。创造性地解决问题通常需要我们

---

④ Christopher L. Asplund, Paul E. Dux, Jason Ivanoff 和 René Marois 撰写的“Isolation of a central bottleneck of information processing with time-resolved fMRI”，《神经元》（Neuron），2006 年，第 52 卷，第 6 期，第 1109 ~ 1120 页。

⑤ Eyal Ophir, Clifford Nass 和 Anthony D. Wagner 撰写的“Cognitive control in media multitaskers”，《美国国家科学院院刊》（PNAS），2009 年，第 106 卷，第 37 期，第 15583 ~ 15587 页。

⑥ Teresa M. Amabile 等人撰写的“Time pressure and creativity in organizations: A longitudinal field study”，哈佛商学院工作文件，编号 02-073，2002 年。

除非我们现在就停下来，重新设计工作规范，否则，我们就会面临有头脑、富于创造性的专业人士不断减少的危险。

将不同的想法马上封存在“记忆”中，这样，我们就可以发现自己以前并未注意到的各种联系，并形成新的创意。当我们的思维很快从一个想法跳到另一个想法时，我们很清楚，这不太可能建立起至关重要的联系。

它使我们焦虑，并且上瘾而难以自拔

在实验室环境中，研究人员发现，要求同时处理多项任务的受试者显示出更高的压力荷尔蒙水平[⑦]。路透社对管理人员进行的一项调查显示，有 2/3 的受访者认为，信息超载降低了工作满意度，并损害了自己的私人关系。有 1/3 的受访者甚至认为，信息超载已经损害了自己的健康[⑧]。

然而，有越来越多的证据表明，人们可能会变得相当沉迷于同时处理多项任务。例如，哈佛大学的 Edward Hallowell 和 John Ratey 指出，那些感受连线的人会产生类似“多巴胺注射”的效果——这种神经效应与使用瘾性毒品的作用相同[⑨]。这种感受也非常熟悉：当智能手机来电振铃时，即使当时我们正在做其他事情，谁又不曾有艰难地抗拒过而马上查看信息的冲动呢？

应对信息洪流

因此，如果同时处理多项任务不是解决之道的话，正确的方法又是什么呢？在我们与尝试解决这一问题的首席执行官和其他高管们的交谈中，我们反复听到一些非常基本的策略，这些策略在精神实质上与 Drucker 在 40 多年前描述的方法并无太大不同：集中精力、过滤信息和劳逸结合的综合应用。对于这些高管以及我们大家来说，真正的挑战在于，在一种永远在线的工作环境中，执行这些策略要比在 Drucker 论述该问题的时代更加困难。它需要极大的自制力，而且我们不可能独自做到这一点：在我们的高管团队和整个

⑦ Sue Shellenbarger 撰写的“Multitasking makes you stupid”，2003 年 2 月 27 日《华尔街日报》。

⑧ David Bawden 和 Lyn Robinson 撰写的“The dark side of information: Overload, anxiety, and other paradoxes and pathologies”，《信息科学杂志》（Journal of Information Science），第 20 卷，第 10 期，第 1 ~ 12 页。

⑨ 医学博士 Edward M. Hallowell 和 John J. Ratey 合著的“Delivered from Distraction”，Ballantine 图书公司，2006 年。

组织中，我们需要建立一整套支持更高效工作方式的行为规范。

集中精力

首席执行官和其他高管人员全天的工作安排往往一项接着一项，有时，一项活动的延长时间不能超过 15 分钟。Harrah's 娱乐公司的首席执行官 Gary Loveman 描述了这样做的意义："你必须避免对一种有趣的'智力自助餐''暴饮暴食'的危险。在一天的工作中，我经常需要涉及许多职能领域，但我小心翼翼，尽量不要在那些值得关注的主题上浮光掠影，要把时间用在对最重要问题的有意义的深入思考上。"[⑩]数字信息超载通过用各种各样的询问请示，以及常常可以由其他人解决的各种问题，使领导人淹没在信息洪流中，加剧了信息"暴饮暴食"的危害性，从而使这些领导人的注意力从那些棘手的、令人不愉快的、高风险的难题上分散转移，而这些问题才是他们最需要去关注和解决的。

许多高管通过创造"独处时间"的老一套策略来予以应对。例如，应用材料公司首席执行官 Mike Splinter 找到了每天早上 6:30 ~ 8:00 之间的独处时间；英格兰的总护士长 Christine Beasley 女爵士利用自己出差旅行的时间独享宁静。太平洋投资管理公司的首席投资官 Bill Gross 则采取了一种极端做法："我不回复或阅读任何我不想看的电子邮件。我不用手机；我没有黑莓智能手机。我的座右铭是，'我不想被连线；我希望断线'。"[⑪]

旧金山交响乐团的执行总裁 Brent Assink 表示，除非管理团队认识到，它不需要最高层连珠炮式的指示，也能每天与时俱进，否则，这些方法可能都不会奏效。 Assink 一直对自己的员工直言不讳："如果你们希望立即得到答复，就必须打电话。如果你们发送电子邮件，就要在下班时才能得到回复。"

是否可以坚决阻止蜂拥而来的信息？管理信息可能就像切断输入那样容易——同时也那样困难。关闭电子邮件，关闭互联网浏览器，把电话自动转到语音信箱，并让助手和团队知道，你正在开会。Christine Beasley 说："如果当黑莓手机放在你的口袋或手袋里时，你确实难以自拔，无法相信自己不会去查看手机中的信息，你只好不要把它带在身边。"

过滤信息

当然，关闭所有的通讯工具只是意味着，当你重新连线时，你的收件箱中的信息很快又会泛滥成灾。还有一种"把婴儿与洗澡水一起泼出去"的危

---

⑩ 所有未注明来源的引述均来自本文作者进行的采访。

⑪ Alex Taylor III等人撰写的"How I work"，2006 年 3 月 15 日《财富》杂志。

险：没有人愿意失去这种可以方便地与组织、客户和其他利益相关方保持联系的能力，或如 Mike Splinter 所说，“对急迫的问题给出简短而直接的回答”的能力，再加上“你不希望成为商业循环中的绊脚石。”

因此，采用一种适当的过滤策略至关重要。首先，要放弃领导人必须事必躬亲的幻想。相反，普通老套的委托授权方式对于信息管理非常重要，就像它对于任务管理非常重要一样。正如 Gary Loveman 所说，“不断跟踪目前正在发生的事要花费我不少时间，但我只亲自深入参与解决那些最需要我插手干预的问题，那些对公司业绩至关重要的问题。” Christine Beasley 也持有类似的看法：“你不可能阅读所有的信息。我非看不可的是那些至关重要的事情，那些确实需要我做决策的事情。”

现在，有些领导人为了过滤掉那些其他人认为不需要领导采取行动的信息，明确拒绝回复任何自己只是作为抄送对象的电子邮件。你可能还需要教育身边的工作人员，哪些事情值得占用你有限的时间。Christine Beasley 解释说，“为了获得我自己的时间，需要可观的付出——你需要做一些工作，为我提供数据和洞见，让我提前阅读一些资料。设置这种简单的门槛可以将大量相对不太重要的事项排除在我的工作日程以外。”

虽然赢得别人对你电子邮件收件箱的尊重，不会使你一下子就能达到目的。但对于企业高管来说，建立一个有效的日常信息管理支持结构已成为获得成功的一个关键要素。这种支持结构可能比较复杂，包括为一家大型企业首席执行官配备的办公室主任，也可能比较简单，只需要一个能干的助理，正如 Christine Beasley 所说的，她“十分擅长管理我的电子邮件流量，会删除那些我并不真正需要看的邮件。”

劳逸结合

值得重申的是，为了处理新输入的知识信息，让我们的人脑获得休息是创造性学习与思考的一个关键因素——这不仅是研究人员得出的结论，而且许多企业领导人也这样认为。Bill Gross 表示，“我的一些最好的创意确实是来自倒立着做瑜伽的时候。经过大约 15 分钟的瑜伽练习后，突然之间，似乎

一些重要的灯泡被点亮。”⑫ Mike Splinter 还发现了锻炼身体的价值：“我发现，正是保持良好的身体状态，帮助我每天都能保持更清醒的头脑。”

获得外部帮助——最近的研究发现，与在城市中散步相比，人们在大自然中散步后，学习效率会显著提高⑬。而且，与其他人的情感交流也可以使注意力从有意识的理性工作中转移开来，这是进入潜意识的良好开端。强生制药集团董事长 Sheri McCoy 解释说，“当我晚上回家时，我只想说，‘好吧，我有两三个小时不用看自己的黑莓手机了。’我只是放松自己。我想要让自己保存精力，然后才能集中精力工作。” Christine Beasley 有一些在周末保护自己私人时间不被占用的规则，其理由是，“如果事情很紧急，人们总能找到我。”

按下“重新设置”键的责任

如果回到 Drucker 的时代，所有这一切都更为容易，那时，我们不可能在每天上下班时用手机交谈，我们度假时不会随身带着各种能实现连通性的设备，而且，当时的飞机上也没有无线网络连接。因为围绕 21 世纪的团队协作而制定的各种行为规范，现在要实施集中精力、过滤信息和劳逸结合的策略变得更加困难。如今，大多数领导人都会为没有在 24 小时内回复一封电子邮件而感到内疚。很少有人会对在白天上班时间（或驱车回家的路上，或晚上）为了更专心致志地处理最复杂的问题而“躲开”其团队感到心安理得。此外，他们还从“别人需要你”的感觉中获得一种个人满足感。

但是，考虑到信息超载会显著降低学习和决策的质量，企业有责任重新制定这些工作规范。同时处理多项任务并不是一种“英雄行为”；它会降低工作效率。随着信息传输和存储技术的容量不断扩大，速度不断加快，对我们的认知压力只会有增无减。除非我们现在就停下来，重新设计工作规范，否则，我们就会面临有头脑、富于创造性的专业人士不断减少的危险。

首先，我们必须承认并重新评估使我们依赖于现有行为模式的思维定式。例如，我们必须承认，当我们能够快速回应别人的请求时，我们的确会感到十分满足，而且，这样做也多少验证了，我们希望感到，对自己很少会忘在脑后的企业是如此的不可或缺。这种感觉本身并没有什么错，但我们必须同时考虑到，这样做会使我们的长期效率付出可观的代价。没有人会认为，消耗掉一家企业的所有资源对于其长期成功是一种好的策略，而且对于该企业

⑫ Alex Taylor Ⅲ等人撰写的“How I work”，2006 年 3 月 15 日《财富》杂志。

⑬ Matt Richtel 撰写的“Digital devices deprive brain of needed downtime”，2010 年 8 月 24 日《纽约时报》。

的领导人及其精神资源而言，同样也是如此。

其次，领导人在从所有业务领域——除了那些他们必须独自解决问题的范畴——抽身退步时，必须变得比以往更坚决。在关于选择哪些业务领域向别人授权的问题上，需要下一番工夫；要有指导别人有效完成任务的技巧，并要清楚双方各自的期望值。但是，随着这些事情安排到位，一种考虑更周全的劳动分工就会腾出更多的时间，使领导人可以专心致志地思考最重要的问题，同时还能培养出一个能力更强的替补人才。

再其次，为了真正使这种方法发挥作用，领导者必须与自己的团队一起，重新设计工作规范。一个人，即使是一位首席执行官，也不可能独自做到这一点——谁又愿意成为高管团队中唯一一个在休假时不带智能手机的人呢？如果事先没有进行某种明确的讨论，这种行为可能会被认为是对企业缺乏责任心，而不是一种中断联系和养精蓄锐的有益尝试。因此，我们鼓励企业领导人及其团队公开讨论自己应选择何种方式来集中注意力、过滤不重要的事情，以及暂时放下工作；他们应如何相互支持，创造必要的时间和空间，使自己做到最好；以及他们如何才能使整个组织中的其他人也同样这样做。这种交谈还可以成为一个正确的出发点，由此可以更深入地了解公司所有知识型员工对信息和技术的需求（如欲了解关于如何处理这一棘手问题的更多信息，请参阅“重新反思知识工作：一种战略思路”一文）。

减轻信息超载负担的益处——在工作效率、创造能力、士气和业绩上的种种好处——将远远超过值得去做的程度。我们对这些好处体会越深，就越容易持之以恒地保持这个新的行为习惯。Q

Derek Dean 曾是麦肯锡旧金山分公司资深董事；Caroline Webb 是麦肯锡伦敦分公司董事。

作者谨向麦肯锡柏林分公司咨询顾问 Matthias Birk 致谢，他通过自己对认知科学的研究，为本文做出了重要贡献。

欢迎对本文发表评论。
请将评论发送至 EQChina_Comments@mckinsey.com。

重新反思知识工作：一种战略思路

知识型员工对信息的需求各不相同。提高工作效率的关键是更精确地应用技术。

Thomas H. Davenport

在Peter Drucker 创造了“知识型员工”这一术语后的半个世纪里，知识型员工在劳动力大军中所占的份额在稳步增长——因此，也出现了各种旨在提高他们工作效率的技术工具。然而，几乎没有证据表明，花在个人电脑、办公软件、知识管理系统，以及许多其他技术工具上的庞大开支确实提高了生产率。此外，最近的各种研究开始表明，永远在线、同时处理多项任务的工作环境分散了人们的注意力，因此会降低工作效率（如欲了解有关这一问题的更多信息，请参阅第 62 页的“从信息超载中重获自由”一文）。

经过对知识型员工工作效率的多年研究，我认为，企业组织需要采取一种完全不同的方法。确实，技术是实现沟通、协作和获取日益增多的信息的重要推动因素。但是，采用涉及更多技术的“最小公分母”法，已经使所有人都收到收益递减的效果。对于企业而言，为知识型员工制定一种战略正当其时——这种战略不仅对知识型员工完成自己工作所需要的信息类型提供了更清晰的见解，而且还承认，在整个组织中，根据不同知识型员工从事的不同工作，技术的应用也必须因人而异。

很少有高管了解，为了更好地获取知识性工作的核心信息，有两种截然不同的途径。最常见的方法是让知识型员工自由获取种类繁多的工具和信息资源，该方法假定，这些员工将自行决定自己的工作流程和信息需求。另一种是结构化提供信息和知识的方法，它涉及在一个明确定义的任务框架和提供能力范围内，向知识型员工提供相关信息。计算机将一批工作发送给员工，并提供完成这些工作所需要的信息。

自由获取信息和结构化提供信息这两种方法都在广泛使用，但它们对应该如何从事知识性工作，以及如何提高其工作效率做出了截然不同的假设。

自由获取信息的方法

在过去 20 年中，让知识型员工自由获取信息和知识，一直是帮助他们做好自己工作的主要方式。互联网的兴起、企业知识管理系统的建立，以及近来社交媒介的出现，为知识型员工提供了来自公共和私人来源的丰富信息，更侧重于分析的知识型员工还可以利用结构化的数据库和各种定量分析工具。

在这种模式中，知识型员工定义和整合自己的信息环境。一直以来，在具有高级专业知识和技能的自我管理型知识员工中（例如，律师、投资银行家、市场营销人员、产品设计人员、教授、科学家和高管人员），采用自由获取信息的方法尤为常见。他们的业务活动被认为变数很大，甚至具有个人特质，因此很难用一种明确定义的流程对其进行建模或结构化。他们访问 IT 来源——包括从互联网到各种在线数据库，从社交媒介到业务工具（如电子邮件、电子表格、演示工具，以及更复杂的商业智能分析工具）——的需求也被认为同样是兼收并蓄和难以预测的。随着技术对个人生活与工作之间的壁垒进一步的渗透，经常可以看到这些员工在家里从事领取薪酬的工作，以及在办公室中处理自己的私人事务。

自由获取信息的模式假定，作为专家的知识型员工知道哪些信息可用，并且能够自己搜索和管理这些信息。它还假设，他们可以自我约束，以避免在工作时，把时间浪费在上网冲浪或者观看色情、体育内容或有趣的 YouTube 视频上。当然，这些假设有时可能并不正确。

自由获取信息的优点

知识型员工通常都很欣赏自由获取信息的方式，在他们的工作流程中，以及如何使用信息的方式上，该方式提供了大量自主性。对于雇主来说，这种积极的感受可能有助于留住人才和使员工工作更投入。

自由获取信息的方式非常适合难以提前预测各种突发事件的工作。而结构化流程技术则不足以应对此类情况，例如，投资银行的客户提出构建一笔交易的全新方式；或在法律诉讼中，关键证人出人意料地改变主意，不愿出庭作证。自由获取信息的方法使员工能创造性地应对不确定性和模糊性。

支持自由获取模式的信息技术相对比较容易实现。任何人都能很容易地访问互联网和社交媒介，而且，利用任何 Web 浏览器都能访问第三方数据库——虽然封闭的企业文化有时会阻碍知识共享。大多数知识型员工都知道如何使用基本的办公工具来提高工作效率，有的员工甚至非常精于此道。

自由获取信息的缺点

自由获取信息存在的问题也相当明显：虽然知识型员工可能知道如何使

自由获取信息的模式假定，知识型员工可以避免在工作时，把时间浪费在上网冲浪或者观看色情、体育内容或有趣的YouTube视频上。当然，这些假设有时可能并不正确。

用技术工具，但他们可能并不擅长搜索、利用或共享知识。一项调查显示，一个典型的知识型员工有超过 1/4 的时间都花在搜索信息上①。另一项调查发现，在一些典型企业的内部，只有 16% 的信息内容被发布到其他员工可以访问的场合②。大部分知识型员工没有接受过信息搜索或知识管理方面的培训，也不完全了解如何使用数据源和分析工具。

由此造成的效率损失可能相当大。即使在社交媒介出现之前的 2005 年，在由美国在线和 Salary.com 网站发起的一次调查中，知识型员工就将个人使用互联网列为在工作时分散注意力的最大原因。另一项对工作场所效率的研究发现，知识型员工平均每天访问自己的电子邮箱超过 50 次，使用即时通讯工具 77 次，访问互联网网站 40 次以上③。一项英国的研究表明，知识型员工使用社交媒介，使英国企业效率下降而造成的损失每年高达 65 亿英镑④。

几乎不存在可以衡量工作效率的具体指标。如果要在任何程度上衡量工作效率，就只能在最高层次上衡量，如每个月编写的法庭辩护状，每年撰写和发表的研究论文，或每十年发现的新化学药物。对效率和信息的精细化监测有助于提高生产率，但也存在与自由获取信息的精神相抵触的风险。

结构化提供知识的方法

结构化提供信息的技术最早出现于 20 世纪 90 年代初期，并在 90 年代末期获得显著改进。这些技术通常具有广泛的功能。其中最重要的是工作流技术，它可以控制知识型员工获取信息和工作任务的方式。这些员工可能用到的支持技术包括：信息门户、用于自动决策的业务规则或算法、文档或内容管理系统、业务流程管理和监测系统，以及各种协作工具。日益模块化的组件设计使这些技术更便于使用。

按照企业的说法，这种技术通常被称为个案管理系统，因为它们使知识型员工能够完成一个完整的个案或工作单元。这种应用包括法律案件、保险索赔或银行贷款的处理；许可证或牌照的发放；以及在医疗保健领域实现与患者的互动。只要能将某种程度的安排或流程施加于信息密集型工作，个案

① Jeff Dance 撰写的 “Enterprise technology delivers more efficiency (4 of 10)”，freshconsulting.com，2009 年 12 月 9 日。

② “Managers say the majority of information obtained for their use is worthless, Accenture survey finds”，accenture.com，2007 年 1 月 4 日。

③ Tony Wright 撰写的 “Information overload: Show me the data”，blog.rescuetime.com，2008 年 6 月 14 日。

④ “Facebook costs UK billions”，《全球安全系统（GSS）每月通讯》（GSS Monthly Newsletter），www.gss.co.uk，2008 年 2 月。

管理就可以创造价值。直到最近，结构化提供信息的方法主要应用于层次较低的信息任务，这些任务通常是可重复、可预测的，因此比较容易实现自动化。

结构化模式的优点

提高工作效率是主要的优点：当企业组织实施这些技术时，用每单位工作时间完成的主要任务来衡量，工作效率通常可以提高 50%。

为了提高工作效率，在多数情况下，企业可以在全球范围内，将工作任务发送给任何拥有时间和专业技能、能够承担这些任务的员工；如果 Sally 外出度假去了，系统知道这种情况后，就会申请把任务转发给 Joe。工作流程变得更加透明，而且更容易管理这些流程、行使审批权，以及监测绩效改进效果。结构化模式还能促进协作和协调任务。有许多工具可以帮助企业调配多名员工和多个团队参与处理个案。这些系统往往还包含由企业组织最优秀的专家确定的业务规则或算法，它们可以帮助企业决定，比如说是否要出台政策、发放贷款或支付索赔。因此，对于管理者来说，这些系统可以提高决策的质量和连贯性，同时，还可以通过决策的自动化或半自动化，加快决策速度。

结构化模式的缺点

这些结构化技术的缺点是，使用它们的知识型员工对其反应消极。我采访过的一些管理人员表示，在自己的工作中，组织安排过多，而自主性太少；有时他们觉得被“拴在了自己的办公桌上”。工作中的社交活动——在走廊上的随意聊天——可能会大大减少。在一些组织中，知识型员工以前曾拥有很大的自主权（例如，大学附属医学中心的医生们），因此他们群起抵制这些系统。但一些最初曾遭到抵制的组织发现，随着时间的推移，这种反对逐渐减弱。另一些组织通过建立适合改进后工作流程的、新的社交互动形式，克服了员工的抵触情绪。

在结构化的信息环境中，是由计算机系统而不是知识型员工来对工作进行集成，因此，在实施之前，需要进行大量的系统和流程设计。虽然这些系统可以量身定制，以适应复杂的业务流程，但如果业务环境或流程发生了变化，这种严格配合就可能成为一个问题。例如，对抵押贷款决策的自动监测不够完善，是促成最近这次金融危机的因素之一。

企业如何运用这些原理

提高生产率的最大潜力涉及到将更多结构化知识和流程应用于自由获取信息占据主导地位的工作场合。迄今为止，层次较低的信息处理工作一直是结构化信息提供工具的主要受益者。然而，技术的不断进步，正在使这些工具能更好地适应迄今一直是自由获取信息方法势力范围的工作任务——即主要与专家思维和协作有关的任务。例如，一家主要的学术性医学中心正在采用一种“智能表格”，它能在一个屏幕上，为医生显示有关某个特定患者疾病的所有可用信息，甚至提供医生与病人互动记录的初稿，以便填写病历。

一些富有远见的企业正在更广泛的工作范围内测试更多的结构化方法，通常都获得了积极的成果。以下是三个已经取得进展的领域。

高层次工作

企业有相当多的机会，将结构化技术与流程应用于需要高度协作的工作的更多常规业务。例如，一家保险公司实施了工作流程和文档管理技术，来帮助制定和修改其投资组合。该系统用一个通用的全球系统取代了许多电子表格和电子邮件，这种全球系统可在分布于数个国家的多个不同业务团队之间进行同步通信和交易。现在，每个团队（包括运营、融资、控制和法律事务）都在公司的投资组合中增加了自己的组成部分。当一个新的投资组合或修改完成后，相关文档最后定案，并发送给一个外部管理员进行管理和记录。基金经理们发现，该系统相对而言不具有侵入性；如果需要他们对一项决策或审批参与意见，系统就会通过电子邮件自动通知他们。

更好的流程

各种技术也被用于构建以前未结构化的流程。例如，通用电气公司专门为大型能源项目贷款的“能源金融服务”计划从经验丰富的公司高管实践中，提炼总结出了典型的决策规则。这些规则被植入一个半自动化的决策系统中，该系统可对有希望的交易进行评估打分，并建议批准或拒绝这些交易。初级分析师可以利用该系统来确定一项交易是否可能获得成功——而不必将其提交到由各业务单元高管组成的信贷委员会讨论，当然，这些高管也可以不考虑系统的建议。与采用非结构化的老方法相比，用这种新方法确定的交易产生的回报提高了 40%。

混合方法

一些企业组织将自由获取信息与结构化提供信息两种方法结合到一起。这样做的最简单方式之一是，对具有高度自主性的知识型员工可以使用的信息类型予以部分限制——例如，在工作时间限制访问色情、体育或社交网站。一种更微妙的方法是，允许员工同时使用自由获取信息和结构化提供信息两种方法。由波士顿几家教学医院组成的“医疗合作伙伴”组织拥有一个结构化系统，向医师自动推荐合适的药物和治疗方案，但也允许医师不采纳推荐药物和方案。该组织还建立了各种可自由访问的知识数据库，供医生使用，不过，将医学知识纳入安排治疗流程之中的结构化系统使用更为频繁。

一种与此相关的方法是，只在一项工作的某些方面采用结构化技术。例如，有些企业采用产品生命周期管理系统，来构建产品设计流程的后端，但在早期的产品概念化和“头脑风暴”阶段并不使用该系统。这里的关键问题是，企业需要决定，相关流程的哪些方面可能会从更结构化的技术和流程中受益，以及哪些方面应该基本上保持不变。

为知识性工作制定战略

很少有企业组织系统地考虑，在哪些领域调整结构化程度可以提高生产率。一个不错的起点是，识别自己的知识型员工，了解他们所从事工作的范围。分析单元应该是一种特定的知识性工作，而不是整个组织。这一点很重要，因为在同一个组织内，不同类型的知识型员工往往有截然不同的知识和信息需求。此外，对于某些工作来说，其知识比其他工作的知识更容易结构化，而某些知识型员工可能比别人更抗拒强加的结构化安排。

使技术与工作相互匹配

我发现，在为知识型员工规划技术战略时，以下图表中显示的矩阵非常有用。根据我的经验，知识型员工通常可以划分为四组，每一组都有各自的特点。知识性工作的这四种类型是按两个因素来划分的：工作的复杂程度（x轴），以及共同执行一项任务的知识型员工之间的相互依存水平（y轴）。领导者可以利用这种分类方法作为一种指南，来确定是哪一种方法（结构化提供信息方法、自由获取信息方法，或混合方法）最适合某种特定的工作。

该矩阵的**事务模式**单元描述了对协作和判断要求相对较低的知识性工作，如呼叫中心的工作、索赔处理，以及其他行政事务密集型工作。结构化提供信息的方法非常适合此类工作——事实上，它通常是应用于此类工作的唯一方法。

当一项工作需要协作的程度增加，向上移动到图表中的**综合模式**单元时，自由获取信息的工具就成为广泛适用的技术。通过电子邮件和自愿合作的方式形成工作循环非常普遍，而结构化信息提供技术的应用却要少得多。然而，也有一些采用半结构化方法的例外，包括在软件开发、工程、产品设计与开发中一些层次较低的任务。例如，前面提到的产品生命周期管理系统可用于追踪各种设计、零部件和审批，可能有助于安排某些工程师的工作。

在图表的**专家模式**单元中，目标是运用专家的知识去完成任务或解决问题。传统上，相关的知识存储在专家的大脑中，但如今，许多组织希望用在

图表

不同类型的知识型员工需要不同种类的支持技术。

- 普遍使用结构化提供信息工具
- 普遍使用自由获取信息工具，但在某些领域也可能运用结构化提供信息工具
- 通常，自由获取信息工具是唯一成功的方式

相互依存水平	常规工作	分析/判断
协作团队	**综合模式** •系统性、重复性工作 •在正式流程、方法论或标准上具有高度自主性 •依靠跨职能范围的严密整合	**协作模式** •即兴式工作 •在跨越多个职能部门的深奥专业知识与技能上具有高度自主性 •依靠机动灵活的团队进行可变的工作部署
个人行动者	**事务模式** •常规性工作 •在正式规则、程序和培训上具有高度自主性 •依靠对判断力要求不高的员工队伍或自动化操作	**专家模式** •以判断为导向的工作 •在个人专业知识与技能以及经验上具有高度自主性 •依靠最优秀的业务高手

工作的复杂性

线知识对其进行补充。虽然自由获取信息的技术通常是获得这些知识的主要手段，但在某些情况下，也可以应用结构化的方法，尤其是当提高生产率与获取在线知识同样重要时。在这种情况下，企业组织必须找到某种方式，用计算机来传播专家的工作，使知识可以植入工作流程中，正如一些医疗机构利用智能化医嘱登录系统所做的那样。与此类似，一些一流的 IT 咨询公司正尝试利用在线工具，提供各种更结构化的 IT 服务。对于那些涉及定量数据的工作，专家的工作还可以受益于一些“引导性”数据挖掘和决策分析应用软件：这些软件通过对数据的分析和诠释，可对专家起到引导作用。

最后，在图表**协作模式**单元中的工作——包括各种知识性活动，如投资银行家精心筹划一些大型交易，金融分析师编制企业规划和预算，营销人员制定重要的市场营销计划，律师团队合作办一些大案件，以及科学家参与大型科研项目——通常具有重复性和非结构化的特点。一般来说，在此类工作环境中，自由获取信息的方法是获得成功应用，并由知识型员工自愿采用的唯一工具。尽管涉及结构化工作流程和植入知识的各种系统并未完全超越这种工作的范畴，但它们却很难获得发展。只有某些领域（如知识的重复利用）可能是例外：例如，一个合作办案的律师团队可以重复使用一份法律文书。

应对共同的挑战

虽然在不同的企业组织中，工作和职位的分类可能截然不同，但通过结构化提高工作效率的努力通常都会带来至少两个共同的挑战：防止以前采用自由获取信息方法的知识型员工离心离德；以及避免自动化业务系统失去控制，就像一些金融服务公司在审批抵押贷款时出现的情况。

允许知识型员工不采纳系统自动或半自动做出的决策，可以帮助减轻这两种问题的影响。这些措施不仅可以导致更好的决策，还能减少怨恨情绪，乃至对该系统的公然抗拒。当然，如果专家不断否决系统的决策，你就必须查明其原因。

另一种使结构化进程更顺利的方式是，当知识型员工与结构化系统互动时，让他们使用自己熟悉的、典型的自由获取信息工具。为了在使用一种结构化应用软件的时机成熟时提醒他们，系统可以向员工发送一封电子邮件。如果一项结构化任务需要与该系统交互传输财务信息，可以让员工使用电子表格。始终要记住：高端知识型员工不想把自己所有的时间都花在与自动化工具互动上。

最后，非常关键的一点是，要确保至少有一些知识型员工和高管了解结构化系统是如何工作的，这样，他们就能对因经济环境或业务模式发生变化而导致系统出错的迹象保持警惕。识别这种失配现象将有助于使企业知道，它们何时应该中止结构化系统的运行，并重新采用人工判断模式——这种快速转换可使企业避免损失大量金钱。

• • •

我们生活在一个以知识为基础的工作正在迅速增多的世界中。因此，技术的应用几乎遍及每一种业务流程和工作岗位。但迄今为止，高端知识型员工在很大程度上仍然拥有只使用他们自己认为有用的技术的自由。现在，考虑如何利用更多结构来提高这些员工的效率正当其时。这种技术与结构的结合，加上在将其运用于知识性工作时保留的部分经理自主权，很可能会在对当代企业最有价值、最至关紧要的工作中引起一场革命。Q

Thomas H.Davenport 是麦肯锡纽约分公司前职员，现担任巴布森学院信息技术及管理系主任。

欢迎对本文发表评论。
请将评论发送至 EQChina_Comments@mckinsey.com。

城市经济影响力东进

Richard Dobbs
Jaana Remes
Sven Smit

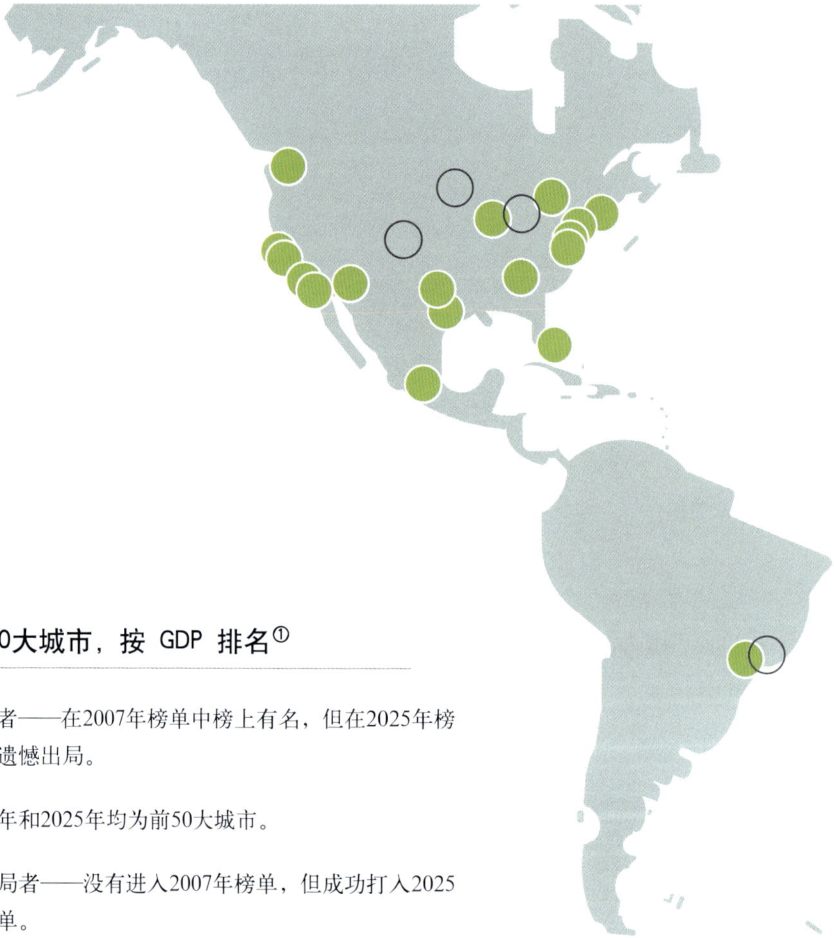

全球前50大城市，按 GDP 排名[1]

- 出局者——在2007年榜单中榜上有名，但在2025年榜单中遗憾出局。
- 2007年和2025年均为前50大城市。
- 新入局者——没有进入2007年榜单，但成功打入2025年榜单。

[1] GDP 按美元计算，使用 2007 年的市场汇率和 2025 年的预计实际汇率。地图和列表中的数据点代表相应的大都市区，而非具体的城市行政管辖范围，其中适当加入了临近的城镇（例如，德国的莱茵 - 鲁尔城市带，美国加州的洛杉矶、长滩和圣安娜，以及印度的孟买和塔纳）。

资料来源：麦肯锡全球研究院。

Richard Dobbs 是麦肯锡全球研究院（MGI）联席院长，也是麦肯锡首尔分公司资深董事；Jaana Remes 是麦肯锡全球研究院资深研究员；Sven Smit 是麦肯锡阿姆斯特丹分公司资深董事。

麦肯锡全球研究院即将发布一份报告，提供了关于城市经济变革的更多信息。我们的数据均取自麦肯锡全球研究院数据库，其中包含超过1000个城市的相关数据。这份报告已于2011年2月发表在麦肯锡全球研究院网站（mckinsey.com/mgi）上。

到 2025 年，全球按 GDP 排名的前 50 大城市中有 20 个将会出现在亚洲，而在 2007 年，这一数字还只有 8 个。我们的研究还表明，同期，超过一半的欧洲城市将会跌出全球前 50 大城市榜单，北美也会有 3 个城市出局。在经济影响力的新蓝图中，上海和北京的排名将会超过洛杉矶和伦敦，而孟买和多哈则会超越慕尼黑和丹佛。这一变化将会对企业的优先发展领域、各国之间的经济关系以及全球的可持续发展战略带来持久而深远的影响。

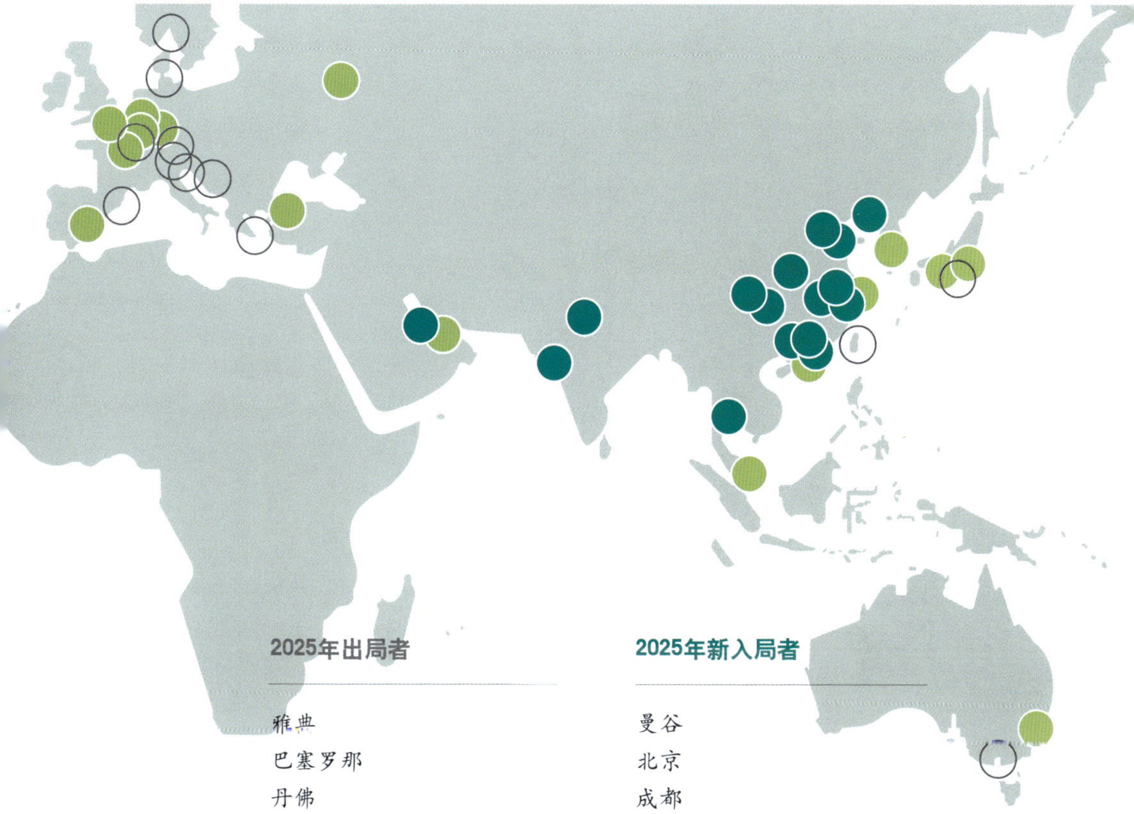

2025年出局者	2025年新入局者
雅典	曼谷
巴塞罗那	北京
丹佛	成都
底特律	重庆
汉堡	德里
里尔	多哈
墨尔本	佛山
明尼阿波利斯－圣保罗	广州
慕尼黑	杭州
名古屋	孟买
奥斯陆	南京
莱茵－美茵	沈阳
里约热内卢	深圳
斯图加特	天津
中国台北	武汉
维也纳	西安

Celia Johnson

实用洞见

为管理者提供的工具、技术和框架

CEO 要充分利用在任的最后 100 天

为了公司，也为了自己的职业遗产，即将离任的首席执行官应该确保公司的一切都处于最佳状态。怎么做呢？

Christian Caspar

Michael Halbye

管理刊物从不吝惜对CEO上任后的前100天的作为大加笔墨，有很多深入的分析。但人们对CEO最后的100天却远没有那么关注。经验证明，如果CEO能够在离任前尽职尽责、善始善终，坚持到离任前的最后一天，这将大幅提高公司以良好的状态渡过过渡期的可能性，而且离任领导所留下的遗产也会得到有效巩固。这种遗产通常直到CEO卸任两年左右才会完全显现出来。如果CEO在离任前做出艰难的、甚至不那么受欢迎但最终证明对公司有利的决策，而不是一味唱着无法持续的高调，那么，这样离任的CEO反而更让人满意和怀念。

在大多数情况下，现任CEO知道自己何时要离开，在他们宣布离职到新CEO履任之间，通常有3个月到1年的时间。许多即将离任的CEO把这段时间看作退居幕后的过渡期，避免做出任何重大决定，避免妨碍继任者的工作。这种本能可以理解，但是，这却让新任CEO本可以获得的几项重要优势化为乌有：清晰的战略、充足的运营动力、强大的管理团队，以及崭新的开始，包括针对运营或人员挑战做出重大决议。

至于离任CEO应该采取哪些行动，并没有一个简单的列表；与其说对离任过渡期进行规划是一种科学，倒不如说它是一门艺术。当然，每个人都必须找到与自身个性和组织文化相符的过渡风格。有几位CEO坦率地自问自答过几个问题，并从中获益匪浅。对这些问题的回答让离任CEO整理出需要在任期结束前完成的重要任务。

如果我还有 3 年时间，我会不会推行任何战略变革或重大组织变革？

现任 CEO可能非常了解组织目前在战略和运营方面的优势和弱点，以及需要进行哪些变革。如果现任领导不采取行动，那么，新任CEO光为变革做准备，就可能要花上1年多的时间。在大多数行业中，这种延迟可能会带来沉痛的代价。例如，数年前，一家大型高科技公司的CEO退休时没有为公司接下来几年的发展设定清晰的战略重点。这种随意的交接，再加上行业变革节奏太快，新任CEO又没能快速跟上，结果公司受到了极大的伤害。新任CEO履新仅仅两年后，公司因为落后竞争对手太多，以至于不得不重组。

与之形成鲜明对比的是，一家大型食品饮料企业的CEO在任期的最后时刻还在推行气势逼人的并购政策，进行了公司史上最大的收购。受益于离任CEO坚持不懈的努力，继任者得以迅速完成交易，为公司赢得了强大的竞争优势。在一家物流公司，即将离任的CEO在离职前数月开展了一项重大的战略评估。评估结果揭示了公司的几大弱点，特别是发现公司的一个主要业务部门的战略飘忽不定。这次评估直接把该CEO引入到了下一个问题。

如果我的任期还有3年，我会做职位怎样的人员调整？

所有CEO都会对组织的人才深度感到担忧，尤其是对领导团队。大部分CEO都会持续不断地更新人才库，很多职位都有几个备用人选。在任期末，没有什么比不做任何艰难决策更容易的了，这样做有充分的理由：新任CEO应该能自由组建自己的团队。但是，这种思想对新任领导而言并无益处：他们要想对团队进行调整，什么时候都能自由大展手脚，但如果一开始就能拥有最强大的团队，他们定能从中获益。

以上文提到的物流公司离任CEO为例，他认识到必须解雇这个主要业务部门的负责人，虽然此人已经在公司任职长达15年。解雇这名负责人的决策为该部门的盈利更上一层楼奠定了基础。他果断做出解雇决策，使自己所留下的遗产也更光彩照人。

公司是否有足够的运营动力，能够在今年和来年收获优异的成果？

长期的优良绩效需要公司既能启动变革，又能对变革做出回应：内部变革包括新的目标和计划，外部变革则包括新的市场条件和客户需求。离任CEO应该确保公司有稳固的活动渠道，以理解和实施变革，

我在任的最后100天

Jim Owens 2010年6月从卡特彼勒首席执行官的职位上卸任，在为这家全球建筑设备制造商服务了38年之后，他终于放下了身上的重担，4个月后又从董事长一职上退下来。他目前是总统经济顾问委员会成员之一。

这则评论摘自麦肯锡底特律分公司资深董事Hans-Werner Kaas最近对Owens的专访。

请访问《麦肯锡季刊》中文网（china.mckinseyquarterly.com），阅读专访全文。

“晚上10点，我知道自己将会成为新一任董事长兼首席执行官。第二天早上宣布了这一决定，10天后，我是指10个工作日后，我的前任者就有点儿退居二线了。他不想当跛脚鸭，这样的反应是可以理解的。

在战略上花了12～18个月的时间之

并打造所需的能力。某些活动肯定是以增长为目标的，但并不是所有活动都必须如此。例如，一家运输公司CEO离任前坚定推进大型成本削减计划的第二阶段任务。他的继任者到任时，成本基数的可控性已经大为改观。

在CEO交替过渡的阶段，组织往往会自然而然地损失很多时间，因为人们总是关注过渡会给他们带来什么变化、新任CEO会是什么风格等话题。我们看到，避免公司发展速度减慢的方法之一是，即将离任的CEO和管理团队一起，详细记录目前的计划，并注明具体的职责和绩效里程碑。然后，把这一计划会与董事会分享，以便所有董事都清楚公司目前的状况；如果此时已经任命了继任者，也会把该计划与继任者分享。例如，一家大型运输公司的离任CEO就决定，不再按照传统召开最后一次董事会议，白白把时间浪费在夸夸其谈和香槟上。相反，该CEO及其继任者转而把注意力集中在公司目前的状况和未来12个月的计划和目标上。

如果我现在刚刚接手这份工作，我希望我在哪些方面能够有更加透彻的认识？

如果新任CEO来自公司以外甚至行业外，他肯定会有一个全新的视角；事实上，这正是公司选择这样一位CEO的主要原因。但是，在这种情况下，离任CEO应该特别注意向继任者介绍整个公司的情况。最关键的是只有CEO才能领会的一些诀窍。一般的新任 CEO的“整合”计划很少能产生这样深刻的洞见，这类计划在实践中往往流于形式。

离任CEO可以提供极大的帮助，例如，安排新任领导会见他本来不会注意到、

后，我适应了这个职位，但我感觉，如果我的继任者至少提前9～10个月得到关于人事变动的通知，他就可以及早开始调整战略，这样做，对企业极为有益。然后，我们就会在他准备好在年中推行新战略时，开始过渡。他会向我们的全球供应链推行他的战略，从而使我们的员工、经销商以及主要供应商从新任董事长和首席执行官那里获得推出新战略的消息，然后他就可以在6月底成为首席执行官。坦白地说，到6月份的时候，我差不多已经将所有的事务都交接完毕了。

卸任时完全没有像接任时那么多的乐趣可言。另外，即将卸任的首席执行官关注的也不是乐趣，而是怎样实现平稳交接无缝过渡，以及确保企业能够实施现成的新战略。这样就不会浪费时间，在前进的路上也不会出现太大的波动。

这更是一门艺术，而不是一门科学。这在很大程度上取决于当事人以及他们处理交接的方式。作为即将卸任的首席执行官，你必须做到善始善终，但是，也必须知道什么时候该放手让新的团队接手。另外，我觉得，在同一时间里，企业只能有一位领导者。”

离任CEO可以提供极大的帮助，例如，安排新任领导会见她本来不会注意到、但却会出乎意料地发挥关键作用的人员。

但却会出乎意料地发挥关键作用的人员。可以把这看作是前卫的整合计划：与对公司进行过中肯批评的分析师谈谈；与主要前客户的高管坐下来谈谈，他们可能愿意与新任领导分享他们之所以选择不与公司继续合作的原因，而这些原因他们不会告诉现任 CEO；征求实话实说的工会领导的意见。这样的讨论可能是非常宝贵的，但是，如果离任CEO不殚精竭虑地找出最具影响力的讨论伙伴，这样的讨论就不太可能发生。

我最后100天有何计划？

回答上面的问题能够帮助即将离任的CEO为自己最后100天确定重点任务。这些问题可以帮助离任CEO将有待完成的25项重点事务缩减到下面5项。之所以选择这5项，是因为它们有着巨大的潜在经济后果和影响，或者它们需要加以妥善处理，而不应留给继任者，成为令他们感到棘手的任务。

探索：为最大的业务部门探索其他可能的组织模式。

开启：开始在电子商务方面的具体工作，从竞争对手X和Y身上获取灵感。

获得：确保获得最佳实践方法，让公司在支持性基础设施上即将投入的5亿欧元获得最大回报。

分析：分析并购 Z 所带来的优势和后果，Z 是公司一直在讨论但从未认真评估过的一家公司。

加速：加速努力，将采购成本降低20%，并实施已提出的行政管理成本缩减方案。

• • •

我们知道，完成这样的重点任务需要集中力量，某些即将离任的CEO担心这样做会被认为手伸得太长，干预到了继任者的工作范围。但是，在我们所见的案例中，凡是CEO在自己任期的最后100天里积极而有组织地采取行动的，都给公司和新任CEO创造了宝贵的财富。我们认为，这也意味着，前任CEO离任得很踏实，不会有多少不眠之夜，他依然心念公司，但会坦然放心，因为他知道自己已竭尽全力，站完最后一班岗。Q

Christian Caspar 是麦肯锡苏黎世分公司资深董事，Michael Halbye 是麦肯锡哥本哈根分公司资深董事。

欢迎对本文发表评论。
请将评论发送至 EQChina_Comments@mckinsey.com。

讲故事的力量

——关于社交媒体，非营利组织可以向私营部门传授什么经验？

从摘自 Jennifer Aaker 和 Andy Smith 所著《蜻蜓效应》一书的本案例研究中，可以学习如何利用社交媒体的力量。此外，从该书作者与麦肯锡的 Dan Singer 的对话中，读者可以听到他们更多的见解。

企业正在花费大量时间和数百万美元，试图掌控社交媒体。这是一个可以推动所有业务——从客户关系到产品开发——的革命性平台，或者只是另一种营销形式？在一本名为《蜻蜓效应》的新书中，斯坦福大学的营销学教授 Jennifer Aaker 和营销战略专家 Andy Smith 试图通过研究社交媒体发挥作用的大量实例，为鼓舞人心、具有感染力的行动总结出一个框架，来回答这些问题。

构成作者提出的框架，并使该书得名的四只“蜻蜓翅膀”之一是参与，作者将其定义为：通过讲故事、真实性和建立个人联系，“使人们真正感到情感上的联系，帮助你实现自己的目标”。本文介绍的是从该书中摘编的部分内容，随后是作者与麦肯锡纽约分公司资深董事 Dan Singer 之间的一次讨论。这次对话的重点是对那些试图通过社交媒体吸引客户，从而提高自己组织市场营销有效性的领导人很有用的一些教益。其概要是：利用社交媒体吸引人们的注意力不同于传统的广告宣传，那些通过简单地计算 Facebook 粉丝的数量，来衡量这些新的营销渠道有效性的企业，应该反思一下自己所采用的方法。

社交媒体的参与：

《蜻蜓效应》书中研究的一个案例

Scott Harrison 曾经是他所在世界的佼佼者。这位28岁的纽约夜总会和时尚界推销商非常擅长把模特儿和对冲基金大亨们聚到一起，并向他们销售500美元一瓶的伏特加酒。他拥有金钱和权力。然而，他的生活方式也带来了某种别的东西：空虚。Harrison感到精神上极度贫乏。

于是，他离开了纽约，志愿去为一家在世界上最贫穷国家提供免费医疗的流动医院服务。Harrison担任这艘医疗船的摄影记者，他很快就沉浸在一个截然不同的世界中。成千上万的病人蜂拥而至，来到医疗船寻求医治各种令人衰弱不堪的疑难病症：巨大的肿瘤，兔唇和腭裂，由水传播的疾病产生的细菌吞噬着人们的肉体。Harrison的镜头开始聚焦于令人震惊的贫穷与痛苦，并且他开始记录这些民众的奋斗和他们的勇气。

8个月以后，他回到纽约，但并没有恢复自己以前的生活。他意识到，自己目睹的许多疾病和医学难题，都来源于缺乏干净的饮用水，他决定在这方面做一些事情。2006年，他创办了一家名为“上善若水（charity: water）”的公益组织，这是一个旨在帮助发展中国家人民获得清洁和安全的饮用水的非营利组织。

在Harrison 31岁生日时，这家公益组织正式成立，他要求朋友们每人捐赠31美元，而不是送给他一件礼物。这次活动很成功——Harrison的这个生日筹集了15000美元，并帮助修建了“上善若水”在乌干达的第一批水井。在随后的3年中，Harrison朴实的生日愿望如滚雪球般不断扩大，如今，捐款总额已经超过2000万美元，并转化为近3000个饮用水项目，其范围从手挖水井和深机井，到保护泉水和收集雨水的各类工程。现在，该组织已向遍及17个国家的140多万人提供了洁净的生活用水。它的成功可以通过以下四项精心设计的原则来解释，这些原则是为了通过社交媒体创立品牌，从而吸引大众的参与。

讲故事。Harrison的个人历程——诱发救赎的主旨、变革和期望——在情感层面上吸引了其他人的参与。通过在媒体采访和YouTube视频中讨论他为什么从事“上善若水”事业，深思熟虑、平易近人和朝气蓬勃的Harrison使受众对他和他的事业一见倾心。

病毒式视频活动和对社交媒体的关注有助于慈善事业：口口相传，让声音传遍世界。

使你的受众产生共鸣。让人们与你的品牌打交道，获知什么东西对他们来说最重要，以及它如何与你发起的运动密切相关。“上善若水”通过利用照片和视频，揭示在发展中世界水资源问题的紧迫性，唤起了人们的共鸣。该组织并不是只依赖各种统计数据，而是通过宣讲扣人心弦的故事，迫使人们去思考那种无法获得洁净水的生活将会像什么样子。

强调真实性。真实的激情具有感染力，而且，你所表达的东西越真实，其他人就越容易与你和你的事业产生联系。由于“上善若水”组织对透明度的承诺，捐助者不仅了解该组织的发起历史，而且也清楚地知道自己捐赠的钱的确切去处。在该慈善机构网站上公布的报告以及不断更新，将捐助者与他们慷慨解囊的结果直接联系了起来。

使媒介与消息相互匹配。对于某件事情，如何说以及在哪里说，可能与说什么同样重要。“上善若水”组织有一名工作人员专门负责升级更新各种社交媒体平台，并为Twitter和Facebook的粉丝页面创作独具特色的消息。该组织还大量利用视频发布消息。“上善若水”最有效的视频宣传项目包括由令人信服的Terry George——电影《卢旺达饭店》(Hotel Rwanda）的导演——制作的一段60秒钟的公益广告，其中，电影明星Jennifer Connelly带着一个汽油桶来到纽约的中央公园，用污水池中的脏水灌满汽油桶，然后带回家供她的两个孩子使用。真人秀电视节目《美国偶像》(American Idol ）的制片人同意在节目中安排播出这段公益广告，确保有超过2500万电视观众能够看到。

应用这些超越社会部门的教益——

麦肯锡公司 Dan Singer 与《蜻蜓效应》一书作者的对话

Dan Singer: 如果请你来评判一下强有力的社交媒介宣传活动或举措，你认为成功地讲故事的要义是什么？

Jennifer Aaker 是斯坦福大学商学院的泛大西洋营销学教授。

Jennifer Aaker: 好的故事有三个组成部分：一个有力的开始，一个有力的结尾，以及一个紧张点。大多数人将故事与情节混为一谈。他们会讲述一个情节：发生了X，发生了Y，发生了Z。而一个好的故事会去掉Y——故事的中间部分，并创作出能吸引读者或观众进入该故事的悬念或冲突，接下来会发生什么事？

目前，将故事作为资产来处理还是一种尚未实现的创意。故事可以作为“粘合剂”，使社团变得团结一致。故事可以广为传播，从员工到员工，从消费者到消费者，而且，在某些情况下，其传播途径还可以从员工到消费者，或从消费者到员工。故事比统计数字或简单的趣闻轶事更令人难以忘怀，而且，故事是一种使社团能够不断成长的途径。寓意深刻的故事可以反复讲述。它们会变得富于感染力。

在所有企业自己的故事组合中，至少应该有四个重要故事。首先是“我是谁？”的故事——我们过去是如何开始创业的？第二个是“愿景”的故事，“我们未来的目标是什么？”这个故事可能与“我们是谁？”的故事有联系，也可能没有联系。第三个是“悔悟与新生”的故事。在任何长期关系中，都不可避免地会有违规之处。但值得注意的是，只有为数寥寥的企业彻底想清楚了自己的错误是什么，以及它们可以如何去改正这些错误。最后一种故事类型是“个人”的故事，它对于那些有自己的人才库的企业非常重要：这些正在组织内部孕育培养的个人故事是什么？这些故事重点关注的是人，而不是组织。

Dan Singer: 能引起共鸣的是故事本身吗？还是讲故事的人？

Andy Smith
是一位营销战略专家和Vonavona风险投资基金董事总经理。

Andy Smith: 故事本身是最重要的。为了讲一个好故事，你不必非得是名人。而对于讲故事的人来说，真正重要的是真实性。人们必须相信你。而且，为了打动别人，你自己必须相信这个故事。

Jennifer Aaker: 在社交媒介中，真实性之所以变得越来越重要的原因是，当你考虑一下那些加入某一项事业的消费者或员工，他们通常是在对这个机构充满信任时，才会这样做。当他们远离一个组织、一项事业或一个目标时，往往是因为他们觉得它过分雕琢、过于刻意，成了潜在地让人无法信任的东西。

Dan Singer: 企业可以向那些利用社交网络和社交媒介的社会部门人员学到哪些经验？

Jennifer Aaker: 蜻蜓的所有四只“翅膀”必须协调配合。第一只翅膀是专注：你的单一的、小范围的、具体的目标是什么？这个目标应该可以随着时间推移不断进行衡量，从而使你知道自己离目标还有多远。第二只翅膀是吸引注意力，要使人们都来围观。这与更传统的营销手段非常相似。第三只翅膀是参与、讲故事，这在过去也一直很重要。第四只翅膀是采取行动。如何让员工和消费者也行动起来？这对于社交媒介行业还是一个很新的课题。当你同时舞动这四只翅膀——协调一致地采取这四种小规模行动之时，就正是你获得放大效应，或发挥富有感染力的作用之日。

Dan Singer: 那么，对照“蜻蜓框架”，您如何评价企业迄今为止的努力？我们还处在初期阶段吗？

Andy Smith: 不完全处于最早期的阶段。传统媒体留下了这种后遗症。你可以把它叫做“运动思维”。企业在争取反复无常的消费者上行动非常迟缓，而它们需要与这些消费者建立一种关系。作为上市公司，它们都有专门负责与（比如说）财务分析师培养关系的完整部门。他们需要将相同的方法运用于自己的社交媒介部门。平台本身相对比较简单，而思维方式也需要与时俱进。

Dan Singer: 您认为，企业应该如何衡量它们在有效利用社交媒介，或与消费者打交道上获得的成功？您会听到企业谈论它们拥有的Twitter追随者或Facebook粉丝的数量。这些是正确的衡量方法吗？

Andy Smith: 这使我想起了互联网的初期阶段，当时，人们对网站的点击率进行计数。伴随着每一种新的媒介，都会出现各种不同的、毫无意义的统计数字。这就需要运用第一只“翅膀”：在你采取一种行动之前，必须考虑好自己的目标。对于要打造品牌的人来说，这一直是一种挑战。制定这些目标，然后采取行动，对照目标衡量自己的结果，这是企业设定最清晰前进路径的方式。

Dan Singer: 一种不成文的假定是，实现沟通交流的媒介都是电子媒介——Facebook、电子邮件、Twitter。随着这些平台变得成熟，或许也变得相当混乱，人们会产生社交疲劳吗？

Andy Smith: 哦，我想人们已经开始显得疲惫不堪。情况似乎是，各种事物变化越大，从人们早期开始使用到最终热情耗尽之间的时间间隔就越短。你能关注多少个Twitter用户？

Jennifer Aaker: 目前，我们正在进行一项研究，考察一封主题为要求向某项事业捐献一些金钱或时间的电子邮件被接受的程度。在某些地方，会立即从自己收件箱中删除此类邮件的人数占到了95%左右。因此，你已经注意到，人们感到自己被各种“要求”所淹没，在社会公益领域，情况尤其如此。此外，还有其他很大一部分人认为，社交媒介过度炒作，并且已经获得了过多的关注。

Dan Singer: 这种事使人诡异地联想到传统形式的广告宣传。在电视广告中，有如此多乱七八糟的东西，以至于将有效的宣传与其他东西区别开来的，是故事的质量和广告客户的资源。您认为在这里也同样适用吗？什么是能把5%阅读邮件的人与95%删除邮件的人区别开来的分水岭？

Andy Smith: 对于广告客户而言，[这个分水岭将是]创造性，以及他们实际应用一些准则的深入程度，这些准则使他们了解什么才能使人获得成功。你确实不能只是开一下开关，签一张支票，买下它就完事。但是，如果你培育了自己的社区，建立了自己的追随者队伍，建立了自己的粉丝群体，建立了那些至关重要的事物，然后激活它们，你肯定就能获得更多宣传机会和更多关注。

Jennifer Aaker: 关键是驾驭技术的人。你必须认识到社交媒介技术真正的力量所在。它并不在于技术本身——而在于使用技术的人。Q

欢迎对本文发表评论

请将评论发送至 EQChina_Comments@mckinsey.com。

标和重心。在我们调查的高管中，只有38%的人表示，自己的团队将重心放在了在高层团队眼里真正有益的工作上。只有35%的调查对象表示，自己的高层团队为战略、人员等他们认为重要的不同主题分配了适量的时间。

他们做了哪些其他事情呢？他们做了除此之外的其他一切事情。在很多时候，高层团队并没有确定并执行优先任务，而是试图面面俱到。有时，他们分不清哪些问题需要他们集体行动，哪些只需监督即可。这些缺陷导致高管团队的议程被排得满满的，没有哪个高层团队能应付得当。在很多时候，这带来了许多耗费精力、又臭又长、与团队没多大关系的会议，让团队成员感到纳闷：他们何时才能回到“真正的工作”上去。当出现这类运转不灵的现象时，首席执行官通常需要做出反应；高级团队的成员有属于自己业务单位的目标以及个人的职业激励机制，如果没有大家的一致努力，他们不太可能整理出一份条理清晰的高管团队优先任务清单。

欧洲一家消费品公司的首席执行官和高层团队，将可能需要他们处理的问题列成一份长长的清单，合理地调整了他们的优先任务。然后，他们问自己，在他们想要处理的优先任务中，有哪些具有较高的业务价值，并且能够使他们的整个团队创造非同寻常的价值。这张清单上的项目数量逐渐减少到了10个。在此过程中，团队成员花了大量的时间互相提问，讨论每个团队成员可以处理或委托他人处理哪些问题。例如，一些项目不需要跨职能或跨地区的合作（如解决某个地区的员工做事拖沓的问题），那么，他们得出的结论就是不必让整个高层团队都关注这些项目，而由团队个别成员对它们负责。对于委托给他人的职责，他们制定了一组透明而统一的绩效指标，有助于监测掌握进展情况。

这项变革使高层团队有了一定的活动空间，能够从事更有价值的工作。他们第一次可以投入足够的精力去设定和动态调整跨类型、跨地区的优先任务并分配资源，打破地区和职能的界限来部署安排最顶层的50位领导者的工作任务，从而为公司打造出一支更高效的扩展了的领导团体。反过来，事实证明了这样做的重要意义，因为在这支团队的领导下，公司的市场份额从下滑转向增长，实现了一次大逆转。更集中的团队工作重点有助于提升公司的士气和基层的绩效。现在，公司基层员工承担了上级委派的更多的职责。只用了一年，员工满意度得分就从54%提高到了79%。

3. 改善团队的互动机制与流程

首席执行官必须不懈关注的最后一个方面是团队是否具备有效的互动机制，而这类机制的缺失是一个常见的问题：在我们研究的高层团队中，成员反映他们只有大约30%的时间用在“高效率的协作”上，而如果团队处理的是利害攸关的问题，并且成员在其中有着根深蒂固的不同利益，这个数字还会更低。这里有三个例子，它们说明了不合理的互动机制为什么会导致绩效低下：

→ 一家大型矿业公司的高层团队对于如何应对某个重要的战略难题，形成了两派对立的观点。他们就这个主题展开的讨论长期占据着团队的议程，但一直没有形成任何决议。

→ 拉丁美洲一家保险公司在政府实施改革、打开国门引入竞争后，收入就开始减少，高层团队的士气一落千丈。这支团队陷入了彷徨，失去了方向感和责任感，将公司面临的困难归咎于政府的措施。由于毫无效率的讨论让高层团队无暇采取有意义的措施，其他员工开始不满，成本也出现失控。

→ 北美一家金融服务公司在整个公司内实施了一项重要的运营改进工作，但高层团队未能有效地进行协调。结果，不同的部门相互掣肘扯皮，有时甚至采取截然相反的行动。例如，一个团队想提高交叉销售额，而另一个团队却拒绝向他们提供相关的客户信息，因为后者想“独占”与这些客户的关系。

首席执行官可以采取几个措施，来解决团队互动机制问题。首先是与团队一起找原因，就为什么团队成员无法有效协作这一问题达成客观的共识。有几个工具可以用于此目的，包括高层团队调查、团队成员面谈，以及对于每一个领导者进行360度的全方位评估。这家拉丁美洲保险公司的首席执行官运用了这几种方法，发现高层团队的成员需要首先建立彼此之间和与组织之间的关系和信任感，然后才能就新的企业战略和如何为了实现目标而对公司文化进行必要的转变达成一致（要详细了解如何建立信任感，请参见第95页的“一线管理创新快讯”）。这支高层团队在企业文化方面引发的重要转变是，团队成员需要对转变公司绩效和文化各负其责，并有责任监督彼此对承诺的履行情况。

要纠正互动机制运作不灵的问题，需要重点关注这些问题并采取干预措施，最好是在低效模式一露苗头时就加以处理。那家矿业公司的首席执行官知道，在董事会重点讨论团队互动机制的会议上，他的方法（即放任未解决的讨论继续下去，寄望于团队达成共识并做出承诺）并不可行，团队希望他能够介入。一旦清楚了这一点，该首席执行官就在各方之间协调出一项决定，使团队立即开始实施。

首席执行官往往需要进行多次干预。当那家金融服务公司的首席执行官认识到团队的协调工作做得有多差时，他采取了相应的措施，例如，主持召开一系列高层团队非现场会议，目的是提高大家对战略的一致认同。其结果之一是：团队对集体议程中有关组织的部分进行了协调，团队成员承诺与公司基层领导者进行定期沟通和交流，以确保他们也能根据新战略进行统一协作。一年后，在运营改进举措的目标问题上，高层团队远比以前更团结一致了，高管中认为团队拥有明确方向的比例翻了一番，达到了70%，而且团队工作时也不再将精力分散于多个目的。与此同时，运营方面得到了不断改进：成本较同期下降了20%，而准时完成的工作比例上升8%，达到了96.3%。

最后，大多数团队需要改变自身的支持体系或流程才能促成并完全接纳变革。例如，那家保险公司的首席执行官要求高层团队中每个成员的绩效指标（如成本控制和员工满意度）都要达标，并促使他们共享各部门的绩效数据。通过这种方法，这些高管通过彼此监督，对绩效负起了责任，使闭口不谈工作拖沓和跨组织问题的现象无法再延续下去。在两年时间里，团队的互动机制和公司的财务状况都得到了改善，投资回报率从8.8%升至16.6%，这在很大程度上是因为整个团队更有效地履行了职责，确保公司能达到自身的成本控制和增长目标。

• • •

每一个高层团队都是独一无二的，每一位首席执行官也需要应对一组同样独特的难题。正如前面的例子所揭示的，组建一支卓有成效的高层团队通常需要良好的诊断，然后还要进行一系列研讨会和现场工作，以便在团队专注于高难度业务问题的同时使团队能够顺利互动。当首席执行官认真保证自己的高层团队有意愿，也有能力帮助公司实现战略目标，保证团队始终专注于正确的主题，并认真管理团队的互动机制时，他就很有可能收到实效。最优秀的高层团队将共同担负责任，培养保持和改进自身效能的能力，从而建立起持久不衰的绩效优势。Q

Michiel Kruyt 是麦肯锡阿姆斯特丹分公司副董事。Judy Malan 是麦肯锡约翰内斯堡分公司董事。Rachel Tuffieldis 是麦肯锡悉尼分公司前职员。

作者谨向麦肯锡多伦多分公司董事Carolyn Aiken 和芝加哥分公司资深董事Scott Keller 致谢，他们均对本文有所贡献。

欢迎对本文发表评论。
请将评论发送至 EQChina_Comments@mckinsey.com。

一线管理创新快讯

与M-Prize的获奖者相会——获得Gary Hamel管理创新交流项目大奖的三个管理创新案例研究。

Gary Hamel

Polly LaBarre

管理创新交流（Management Innovation eXchange，MIX）是基于互联网的开放创新项目，旨在激发致力于彻底改变管理方式的思想者和实践者的创造力。它是一个协作性平台，供大家展示大胆的创意，同时推进在一系列成败攸关的挑战方面取得进展。

今年早些时候，MIX围绕着下列三个挑战推出了有史以来的首个管理创新大奖赛——M-Prize：重新定义领导工作，增加信任感，以及从工作中获取创意。

M-Prize大奖的评审包括：

Bill George, 哈佛商学院教授，Medtronic 公司前任董事长兼 CEO；

Terri Kelly, W. L. Gore & Associates 公司总裁兼 CEO；

John Mackey, Whole Foods Market公司联合创始人兼 CEO；

Tom Malone, MIT 斯隆管理学院教授；

J. Leighton Read, Alloy Ventures 公司合伙人；

Raj Sisodia, 班特雷大学营销系教授。

麦肯锡公司是 MIX 的知识合作伙伴，但未参与评审。

欲了解更多获奖故事或此处未作说明的其他获奖团体，请访问 M 大奖主页：managementexchange.com/m-prize。

全世界的MIX参与者为此贡献了数百条建议。其中，能够改变世界的建议几乎没有，但有许多建议非常大胆而且富于原创性，这进一步坚定了我们深信不疑的信念：分享使所有人都成为赢家。下面是三个获奖案例。

重新定义公共物业的领导力

朴次茅斯是英国最大而且人口最为密集的城区之一——查尔斯·狄更斯和阿诺·

施瓦辛格曾经在此居住，但现代职业心理学家兼管理思想家John Seddon这样描述它："拥有1.7万间锁起来无法使用的厕所，和10万个漏水的水龙头。"7年前，John Seddon开始与朴次茅斯市政委员会负责住房的领导人Owen Buckwell密切合作，解决这些厕所和水龙头的问题，并承担约5万人居住的政府建设的市政房屋的全部维修工作。

2006年底，Buckwell和Seddon提出"在恰当的时间，为住户提供恰当的修理"。促成变化的是新的管理系统，该系统旨在快速响应住户需求，衡量为住户创造的价值（而不是衡量成本或政府强制命令要实现的目标），并反映实际的工作流（而不是让工作削足适履地去适应严格的标准和规程）。在短短数月内，Buckwell及其团队就创建了一个流程，让住户们能够通过电话提出服务需求，在第一声电话铃响起时，就得到人工接线员的接听，并完全按照住户所希望的时间安排服务（而不是半天以后、2小时以后，甚至15分钟以后才去修理的排期）。提供服务的工人出现在修理现场时，应该携带处理该工作所需的所有适当的零件——并且询问是否还有其他地方需要修理。

他们安装了一套精密的视频系统，显示每个工人何时能够完成现有工作，从而能够将客户的需求（哪些住户在什么时间需要什么服务）与工人的派遣匹配起来。位于总部的大型屏幕提供了透明性，而且让"整个系统按照单一的流程工作，给每个工人每次只分配一项工作"，从而避免了瓶颈和拖延。

结果：喜出望外的客户，溢于言表的感激之情，客户亲自送上的鲜花和巧克力，以及住户与市政委员会之间日益增长的信任感。数字道出的实情同样令人震撼：完成一项修理工作的时间从60天缩短到了7天，而首次造访即完成修理工作的比例从45%上升到了99%，住户抱怨的电话从60%下降到了13%，而住户满意度则大幅度飙升至9.93分（满分为10分），与此同时，每次修理的成本却下降了一半多。

最后，住房委员会的文化也从"理解但无助，以及通过撒谎来实现目标"，转变为鼓励员工充分参与，展现自己的主动性和想象力；并形成了一种重在行动的新风气。

在微软公司增进信任

4年前，时任微软拥有85人的Windows安全测试团队总监的Ross Smith和同事们偶然发现了一份关于信任在创新型企业中的作用的研究报告。该报告像惊雷一样震醒了大家。他们希望培养的所有品质和行为——自由地尝试新鲜事物、允许提问、从新角度看老事物的能力、支持冒险以及容忍失败等——都植根于信任之中。但是，信任却难以捉摸、非常情绪化，而且又非常脆弱，怎么才能建立起信任呢？

Smith要求其团队提出一个行为清单，历数日常工作中影响信任的种种行为。该清单包括了150项削弱团队活力的行为。Smith及同事设计了一款基于网络的简单游戏，强制玩家在一系列能够促进信任的行为之间做出选择，将答案汇总，再对各种行为按分排序。

以这份列出先后顺序的清单为出发点，

Smith鼓励其团队协作创建一个“信任脚本”的维基条目。该条目包括了对影响信任的特定行为的描述及其实例，比如“公开赞誉，私下纠正”就被作为非常重要的一条标出。这一看似简单的过程，开启了同事间对于建立日常信任的重要性的认知。

Smith及其团队还在共享信息、努力发现问题和提出新创意方面，引入了基于互联网的工具。他们试验采用协作性生产率游戏作为注入娱乐感、改进管理流程和培养新行为的方法。他们通过每周一次的比萨饼餐会、为入职不到两年的员工单独举办的论坛和读书俱乐部等方式，定期强化分享精神和无所畏惧地尝试等理念的精髓。

这些措施产生了什么结果呢？Smith报告说，与以往的标准状态和同行机构相比，该团队的人才保留率提高了20% ~ 50%，生产率也大幅度提升了10% ~ 60%。由“走廊中的欢声笑语”来衡量的士气也大幅飙升。而该举措已经衍生出多项创新措施。比如，一个创意共享论坛将两位团队成员联系在一起，其中一位构建了一款客户反馈意见游戏原型，另一位试图采用讲当地语言的传声器提高Windows国际版本的质量。这两个人协作创建了一款游戏，让人们能够检查并更正翻译的措辞和文化上的细微差别。在整个微软公司，Windows语言质量游戏吸引了4600位参与者，他们在短短4个月的时间内，完成了50万项任务。

这一并不高调，而且有意显得模糊不清的信任构建举措，以棒球运动员Jackie Robinson的球服号码命名为42Projects，从一开始就跨越了组织机构间的障碍①。无论参与者所在的部门和岗位如何，他们都发

对您而言，哪一个信任因素更重要？

一个简单的在线游戏帮助微软员工了解哪一个信任因素最重要。
想亲身体验一下这个游戏吗？请访问defectprevention.org/trust。

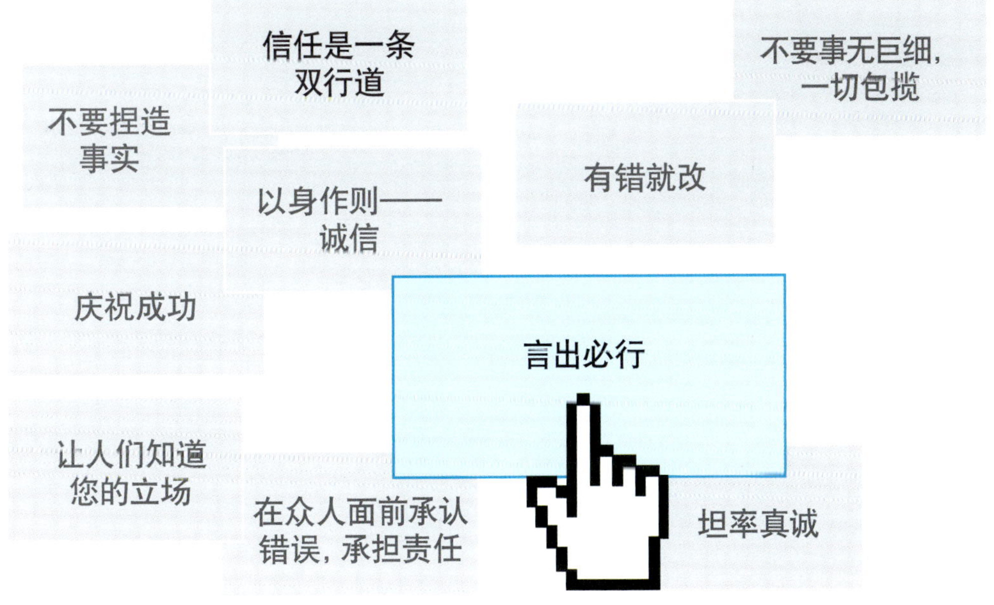

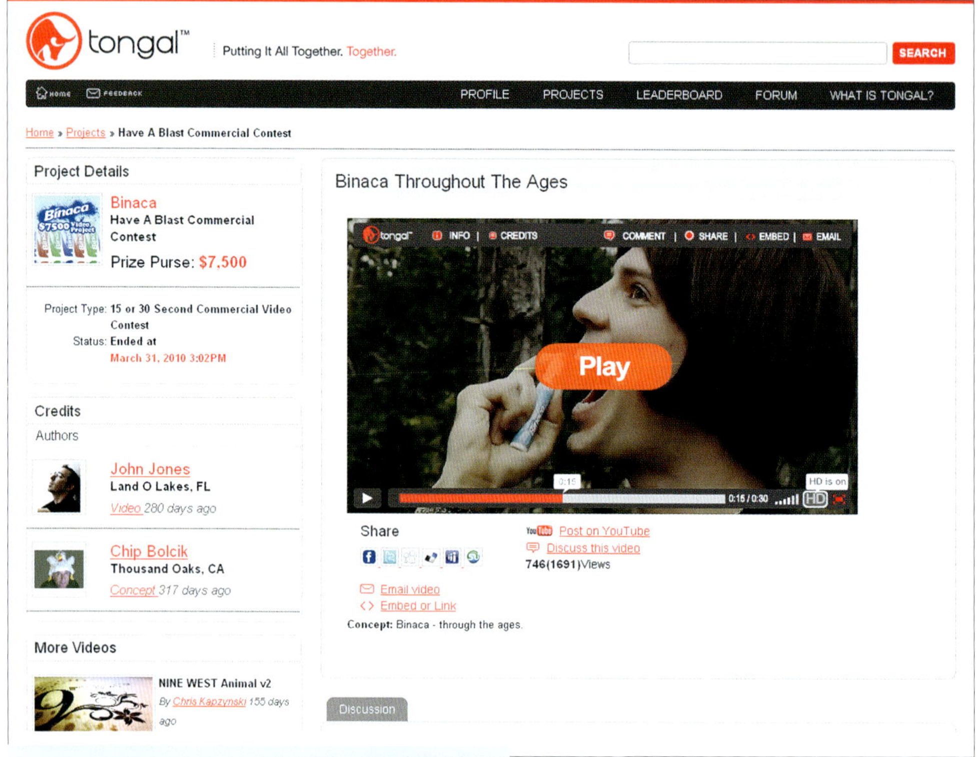

Tongal带来了一个取材于大众的获奖视频，凸显了替代性营销技术的好处，令人耳目一新。

现，42Projects是身份认同和协作活力的源泉，这在大型企业中是很少见的。

从电影制作中获取创意

James DeJulio是前好莱坞电影摄制者兼制片人，他于2009年5月推出了Tongal，一个具有颠覆性创新的初创平台，供人们分享创意，创造供全世界观看的影片（从30秒钟的广告到故事片），对电影开发进行革命性创新，并由此获得回报。

客户向Tongal社区提出截止时间要求非常严格的挑战——为Allstate创作一部名为“保险的未来”的科幻视频，或为比安卡（口腔清新喷雾剂）的制造商创作一部令其满意的电影场景式的恶搞片，或讲述一个励志的故事，宣传小额贷款先行企业Kiva.org的事业。

每个项目被分解为创意、创意推销、制造、市场预测和发行5个阶段。每个阶段5个最佳者进入下一阶段，每个阶段的胜出者获得现金奖励。

每个参与成员可以观看这些提交的作品，并预测获胜者。最准确的预测也将获得奖励。最后是发行阶段，参与成员相互竞争分发视频。分发出去最多的视频获得奖励——而创作者、客户和社区“发行商”皆大欢喜，形成一个多赢的局面。

在运作的第一年，Tongal吸引了来自

于全球40个国家的5000名注册成员，截至目前，共进行了24次竞赛，奖金总额达到了1.5万美元。客户对于产品和经济效果都非常满意。

Tongal不仅仅是颠覆性的商业模式，也是在框架设计式参与成为每一个领导人的工作内容时的一种指导性设计。Tongal之所以能够从众多的众包平台中脱颖而出，是因为：如果不是建立在你之前（或之后）的创意和贡献的基础上，你就不可能取得成功。Tongal的设计者努力在该网站任何可能的地方创造互联互通性和透明性，此外，你不必为了获胜而获胜。无论你是在哪一个阶段分别参与宣传推广一个获胜的作品，你都能获得回报，这与整个创意社区互联互通，并提高自己的创新能力。

• • •

这些案例给人以启迪和指导，但它们仅仅只是开始。在MIX，变革并不需要伴随着扭转乾坤的戏剧性大转向；创新的脉动贯穿于每一项活动中；每个人都受到高尚目标的鼓舞；协作的文化培育强烈的参与感。Q

Gary Hamel 是伦敦管理学院战略与国际管理客座教授，兼管理创新交流项目（MIX）的创新设计师。是 Mavericks at Work 一书的合著者，兼 MIX 的编委会主任。

欢迎对本文发表评论。
请将评论发送至 EQChina_Comments@mckinsey.com。

欲阅读全文，请访问《麦肯锡季刊》中文网（china.mckinseyquarterly.com）。

偶拾

缺乏洞见

一种新颖的战略洞见——你的企业能预见到其他企业认识不到的某种事物——是竞争优势的基础之一。它可以帮助企业将其资源集中在一些可使自己鹤立鸡群的行动上。这就使以下结果相当有趣：在最近一次对2135名全球高管的调查中，只有35%的高管认为，自己的战略建立在独到而有效的洞见之上。这一比例数大大低于其他九项测试的平均值——62%，在这些测试中，我们要求高管们对照标准衡量自己的战略。

您的战略根据竞争对手无从获得的、新颖的数据和见解，
占受访者百分比[1]

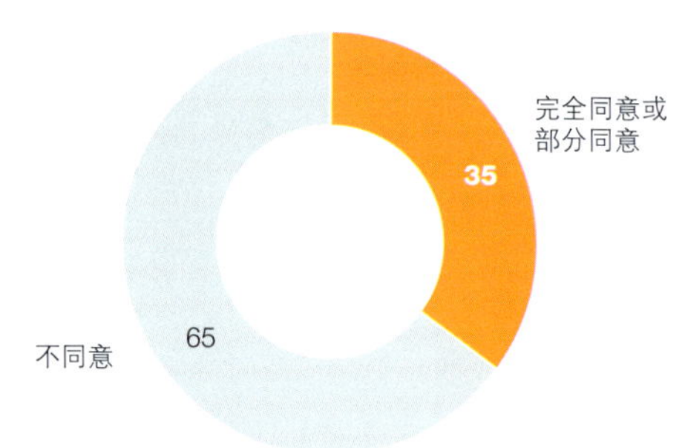

[1]回答不知道的受访者未予显示。

此外，只有14%的受访高管将“新颖的洞见”列入了影响财务业绩的前三项战略要素之中。一个可能的解释是：信息的广泛可用性和采用成熟的战略框架使人产生了一种印象，即“每个企业都知道我们所知道的信息，而且可能正以与我们相同的方式来分析这些数据资料”。危险是显而易见的：如果战略专家质疑自己提出新颖洞见的能力，他们就不太可能获得最能使自己有别于竞争对手的相对优势。Q

欲了解更多关于洞见在战略中有何作用的信息，请参见第30页由 Chris Bradley、Martin Hirt 和 Sven Smit 共同撰写的文章“你最近测试过自己的战略吗？”还可以读一读第22页Richard Rumelt的文章“坏战略的危险”。欲查看完整的调查结果，请访问《麦肯锡季刊》中文网（china.mckinseyquarterly.com），参阅“麦肯锡全球调查：测试战略”。

McKinsey Quarterly

2004

《新兴市场上外商直接投资的真相》

《离岸外包攻势》

《打造中国汽车业的未来》

《今日中国专辑》

《中国市场投资解析》

2005

《极限竞争》

《新兴市场崛起的全球领袖企业》

《有利于竞争的管制》

《商业的本质是什么》

2006

《为全新的中国消费者服务》

2007

《趋势与战略》

2008

《领导力与创新》

《中国的全球挑战》

《应对气候变化》

《女性与领导力》

2009

《危机：管理的新时代》

《医疗改革从何入手》

《政府与商界：新时期新规则》

《争夺亚洲消费者》

2010

《剧变时期的战略与领导力》

《明察战略决策偏见》

《如何在重新平衡的全球经济中竞争》

《非洲：经济增长的新大陆》

《十大技术趋势改变商业模式》

2011

《2011议程构想》

＊其他研究成果将陆续推出

《麦肯锡季刊》网址：

china.mckinseyquarterly.com（中文）
mckinseyquarterly.com（英文）

联系《麦肯锡季刊》：

china_customer_service@mckinseyquarterly.com（中文）
info@mckinseyquarterly.com（英文）

对《麦肯锡季刊》文章发表评论：

EQChina_Comments@mckinsey.com（中文）
quarterly_comments@mckinsey.com（英文）

北京

麦肯锡公司北京分公司
北京市朝阳区光华路 1 号
嘉里中心南楼 19 楼
邮编：100020
电话：(86-10)6561-3366
传真：(86-10)8529-8038

香港

麦肯锡公司香港分公司
香港中环皇后大道中 2 号
长江集团中心 25 楼
电话：(852)2868-1188
传真：(852)2845-9985

上海

麦肯锡公司上海分公司
上海市太仓路 233 号
新茂大厦 17 楼
邮编：200020
电话：(86-21)6385-8888
传真：(86-21)6386-2000

台北

麦肯锡公司台北分公司
台北市信义路五段七号 47 楼
邮编：110
电话：(886-2)8758-6700
传真：(886-2)8758-7700